Angela Schaun

EDUCOMUNICAÇÃO

Reflexões e Princípios

fapesb
Fundação de Amparo
à Pesquisa do Estado da Bahia
SEPLANTEC

MAUAD

Fundação de Apoio à
Pesquisa e à Extensão
FAPEX

Direitos desta edição reservados à
MAUAD Editora Ltda.
Av. Treze de Maio, 13, Grupo 507 a 509 – Centro
CEP 20031-000 — Rio de Janeiro — RJ
Tel.: (21) 2533.7422 — Fax: (21) 2220.4451
E-mail: mauad@mauad.com.br

Projeto Gráfico:
Núcleo de Arte/Mauad Editora

CATALOGAÇÃO NA FONTE
DEPARTAMENTO NACIONAL DO LIVRO

S313e

Schaun, Angela
Educomunicação: reflexões e princípios / Angela Schaun.
– Rio de Janeiro: Mauad, 2002.
128p. ; 14cm x 21cm

ISBN 85-7478-073-1

1.Educação – Aspectos sociais – Brasil. 2. Comunicação –
– Aspectos sociais. I. Título.

CDD – 370.19

Aos meus pais,
Raimundo Augusto Schaun e Itália Magnavita Schaun
(in memoriam),
por me terem feito experimentar o sagrado.

A Maurício e Daniela,
meus filhos

pensar é o grande desafio
e a sabedoria é acolher
ao longo do vigor

Heráclito de Éfeso

Esclarecimento

Tendo como Mestre e Orientador o Prof. Dr. Emmanuel Carneiro Leão, este livro é uma síntese adaptada da Tese aprovada pela Banca Examinadora na Escola de Comunicação do Centro de Filosofia e Ciências Humanas da Universidade Federal do Rio de Janeiro – UFRJ, em abril de 2001, como requisito necessário à obtenção do grau de Doutorado

Sumário

Prefácio

"Comunicação/Educação: A Emergência de Um Novo Campo". Sob esse título, publicamos na *CONTATO - Revista Brasileira de Comunicação, Arte e Educação*, jan./mar. 1999, artigo em que enfatizamos a importância dessa nova possibilidade de intervenção social, face às conclusões da pesquisa realizada pelo NCE – Núcleo de Comunicação e Educação da Escola de Comunicações e Artes da USP junto a um universo de agentes culturais e pesquisadores de 12 países da América Latina, entre 1996 a 1999, num trabalho que contou com a participação de pesquisadores da UNIFACS - Universidade Salvador e FAPESB na coleta de dados no espaço cultural da Bahia, especialmente em Salvador.

Assim, o grande achado teórico epistemológico dessa pesquisa, reafirmado com uma atualização realizada em 2000, foi a consolidação da Educomunicação como um novo campo e a existência de algumas áreas de intervenção social, típicas das práticas Educomunicativas, identificadas como: a *área da educação para a comunicação*, constituída pelas reflexões em torno da relação entre os pólos vivos do processo de comunicação (relação entre os produtores, o processo produtivo e a recepção das mensagens), assim como, no campo pedagógico, pelos programas de formação de receptores autônomos e críticos frente aos meios; a *área da mediação tecnológica na educa-*

ção, compreendendo o estudo das transformações trazidas ao cotidiano da vida social pelas tecnologias da informação e por seu uso nos processos educativos; a área da *expressão comunicativa através das artes*; a *área da gestão da comunicação no espaço educativo*, voltada para o planejamento, execução e realização dos processos e procedimentos que se articulam no âmbito da Comunicação/Cultura/Educação, criando *ecossistemas comunicativos*. Finalmente, identificamos a existência de uma última, que denominávamos de *área da reflexão epistemológica sobre a inter-relação Comunicação/Educação* presente especialmente no crescente número de estudos, dissertações e teses sobre o novo campo, em toda a América Latina.

Entre os pesquisadores e colaboradores daquela Pesquisa, se destacou a Profª. Angela Schaun, àquela altura, diligente mestre e estudiosa da questão da Teoria da Comunicação, titular dessa disciplina no Curso de Comunicação Social da Universidade Salvador - UNIFACS e que teve a iniciativa de ampliar e prosseguir esses estudos concernentes à inter-relação da Educação e Comunicação, posteriormente transformados na sua tese de doutoramento em Comunicação Social, na Escola de Comunicação – ECO, da Universidade Federal do Rio de Janeiro.

A tese foi defendia com brilhantismo e aprovada por unanimidade pela banca, da qual tive a honra de participar, juntamente com os Professores Doutores Emmanuel Carneiro Leão, Raquel Paiva, Heloísa Buarque de Hollanda e Marialva Barbosa.

Justamente nesse território ainda pouco explorado, que denominamos "A área da reflexão epistemológica sobre a inter-relação Comunicação/Educação", é que a Profª. Angela produz sua reflexão acadêmica, metodologicamente conduzida, capaz de garantir singularidade às práticas da *Educomunicação*, contribuindo para que esse novo campo seja reconhecido, evolua e se legitime.

Para a constituição do corpo teórico do trabalho, apoiada em pressupostos buscados nas melhores áreas do pensamento, além da sua contribuição pessoal e acadêmica, como pesquisadora e estudiosa desse novo campo, o que a autora busca, em síntese, é a desmistificação de cada uma destas áreas de conhecimento, que têm sido tradicionalmente assumidas como espaços vinculados ao domínio, quer da Educação, quer da Comunicação.

O que a Profª. Angela Schaun pretende e entende é que cada uma dessas áreas e o seu conjunto sejam pensados e promovidos a partir da perspectiva da Educomunicação.

Sem dúvida alguma e como afirma a autora, o acolhimento de tais questões aponta para uma visível transformação do âmbito curricular, exigindo uma nova postura por parte das universidades no planejamento dos cursos de comunicação e de educação, com vistas a preparar o profissional do futuro voltado para um mercado em permanente mudança.

A consolidar-se esse novo campo de produção do conhecimento, não teremos dúvida em afirmar que o profissional da Educomunicação, o educomunicador, poderá ser o típico profissional do século XXI, capaz de ajudar na formação de cidadãos críticos, participativos e inseridos no meio social .

Esses, na verdade, foram os traços encontrados no perfil dos Educomunicadores objetos da pesquisa do NCE/ECA/USP e que o livro da Profª. Angela Schaun tem o reconhecido mérito de analisar e refletir.

Como enfatizamos no nosso trabalho, a respeito da pesquisa, "(...) o que o projeto pretendeu – através de análise dos dados primários extraídos dos questionários, das entrevistas, assim como do conjunto de informações obtidas nos *workshops*, seminários e congressos promovidos pelo NCE, ao longo de toda a investigação – foi identificar como se estabelecem, no mundo contemporâneo, espaços interdisciplinares próprios das atividades do saber. No caso específico, espaços que aproximam, tanto de forma teórica quanto pragmática, os tradicionais campos da Educação e da Comunicação (...)".

Neste livro, intitulado "Educomunicação: Reflexões e Princípios" – destacado da sua tese de doutoramento, a Prof. ª Angela Schaun busca um entendimento sobre a possibilidade teórica desse novo campo, baseado na importância dos Meios para a criação de um universo específico, que poderá ser apropriado nas mais variadas formas. Uma dessas, a Educomunicação, é revelada, na sua concepção das articulações comunicativas, como "*conexões de redes comunicacionais que produzem agenciamentos enunciativos codificados em contextos específicos e singulares*", como está referido na obra.

A importância e a originalidade desse recorte certamente merecerão a devida atenção e acolhimento junto ao leitor, pela atualidade e emergência da questão, tanto da Educação quanto da Comunicação.

Prof. Doutor Ismar de Oliveira Soares

Coordenador do NCE – Núcleo de Comunicação e Educação

Professor da Escola de Comunicação e Artes da Universidade de São Paulo

Apresentação

O nome Educomunicador foi cunhado pela primeira vez pelo filósofo da educação, falecido em 1998, Mario Kaplun, nascido na Argentina e radicado no Uruguai, amigo e parceiro de Paulo Freire.

Este trabalho é uma tentativa de nomear as práticas que possam ocorrer no âmbito da inter-relação Comunicação/Educação, um novo campo de intervenção social ao qual estamos denominando de Educomunicação, produzindo novos agenciamentos coletivos, enunciativos e inclusivos, que se multiplicam e repercutem, deixando sua marca, uma expressão que se movimenta em vários âmbitos, atravessa as possibilidades, as margens, as redes, produzindo comunicação.

A questão da educomunicação busca ressignificar os movimentos comunicativos inspirados na linguagem do mercado da produção de bens culturais, mas que vão se resolver no âmbito da educação como uma das formas de reprodução de organização de poder da comunidade, como um lugar de cidadania, aquele índice do qual emergem novas esteticidades e eticidades (modos de perceber e estar no mundo).

São experiências caracterizadoras de ações educomunicativas peculiares em espaços públicos ressignificados e produzem articulações comunicativas singulares; são movimentos de inclusão e visibilidade no contemporâneo, que procuramos qualificar e aqui nomear.

A necessidade de ampliar uma reflexão epistemológica e crítica sobre o tema Comunicação e Educação surgiu no decorrer do Projeto de Pesquisa *A Inter-relação Comunicação e Educação no Âmbito da Cultura Latino-Americana – O Perfil dos Pesquisadores da Área*, que foi realizado pelo Núcleo de Comunicação e Educação – NCE, da Escola de Comunicações e Artes – ECA, Universidade de São Paulo-USP, cujo coordenador geral da pesquisa, de âmbito internacional, foi o professor Dr. Ismar de Oliveira Soares, vice-presidente do World Council on Media Education.

A partir de uma iniciativa nossa e de um convite do prof. Ismar, o projeto se ampliou e, diante dessa realidade, consideramos fundamental um novo recorte no universo pesquisado, na perspectiva de abrigar outras referências teóricas (notadamente Delleuze e Guattari), numa abordagem paradigmática.

Como premissas, destacamos dois pontos fundamentais, que nos levaram a encetar este livro.

O primeiro atém-se à convicção de que as sociedades pós-modernas apóiam-se na apropriação dos resultados do desenvolvimento do processo de informação/comunicação para atingir uma expansão/dinamização do conhecimento, através da democratização do acesso aos meios de comunicação e sua profunda importância no sistema educacional, possibilitando a visibilidade e a legitimação de novos atores sociais.

O segundo constitui-se numa premissa para a leitura do livro. A inspiração de escrevê-lo germinou da visão de um caleidoscópio. É como estar na Internet; são entradas e saídas, são aberturas que arriscam propor uma desconstrução do pensamento baseado na dedução, na causalidade e, sobretudo, na linearidade.

A proposta de leitura é percorrer os meandros do pensamento, como em minotauro no labirinto. Talvez como alguém que se precipita na aventura do pensar. Um abismo.

A este sucederá outro livro, sob o título "Das Práticas Educomunicativas", no qual procuramos identificar as articulações comunicativas como práticas educacionais vivenciadas na comunidade.

Angela Schaun

Introdução

Um dos fatores característicos da sociedade contemporânea é o processo veloz e contínuo de mudanças permeando todos os estratos. Diariamente, novas alternativas são oferecidas no tocante a produtos e serviços, em função das descobertas científicas e tecnológicas, da mutabilidade social, enfim, da natureza hiperdinâmica do nosso tempo.

A revolução da informática e dos meios de comunicação afirma-se como a nova realidade socioeconômica, a partir dos anos 60, trazendo em seu bojo a definitiva mudança de perspectiva para a área de comunicação em educação: da passividade da oferta à dinâmica da produção.

Na realidade dos anos 80, a comunicação/informação deixa de ser um bem livre, um conhecimento que poderá ser partilhado por todos os interessados que dele necessitem, para transformar-se em um bem restrito, o qual, sem perder seu característico valor de uso, assume, definitivamente, a característica de valor de troca.

Nesse sentido, a comunicação adquire valor estratégico, bem como valor político superior àquele observado quando se constituía em conhecimento colocado à disposição de alguns. Nesse contexto, a comunicação assume características cada vez mais políticas, podendo-se dividir o mundo em países ricos em informação – *inforricos*, e países pobres em informação – *infopobres*.

A informação é um fator fundamental para a educação (que atua diretamente no setor produtivo), que, orientada para a convivência, reflexão e crítica, deve também definir seu estatuto frente à mundialização dos intercâmbios culturais e globalização da economia.

Desse modo, refletir sobre a problemática da comunicação enquanto mediação educacional na era da informação implica, como afirma Soares (1997), estudar as profundas razões que unem, e muitas vezes colocam em oposição, sistemas que trabalham a representação simbólica, como é o caso do sistema dos meios de comunicação e do sistema de educação escolar.

Portanto, o paradigma da educação no seu estatuto de mobilização, divulgação e sistematização de conhecimento implica acolher o espaço interdiscursivo e mediático da comunicação como produção e veiculação de cultura, fundando um novo *locus* – o da inter-relação comunicação/educação.

Alguns princípios teórico-metodológicos indicaram a busca da trajetória investigativa, projetando um horizonte para a problemática estudada, articulando informações do conhecimento científico e das experiências técnicas, percorrendo o repertório cognitivo que se instaura na prática da inter-relação comunicação/educação.

Este trabalho pretende constituir um estudo produtor de conhecimento sobre as multiplicidades comunicativas que, mesmo atendendo aos apelos da indústria da cultura inspirada no mercado, vai resolver-se na questão educativa, como mediador do político-social, inaugurando um novo estrato, uma consistência reterritorializada.

Com este pressuposto, configuramos a nossa metodologia a partir da construção dinâmica de caracterização da realidade, pela qual se instauram as práticas discursivas sociais propriamente ditas, sejam de cunho teórico, caracterizadas pelos estudos e pesquisas desenvolvidos anteriormente e, paralelamente, visando um maior e melhor conhecimento de ações comunicativas, sejam de atuação para a transformação social, entendendo-se ambas como *formas de ação*.

O estudo visou consolidar a inter-relação comunicação/educação, e o grau de interdependência que um processo pode gestar no outro, na formulação de diferentes modelos de articulações comunicativas, incorporando uma nova territorialidade num campo discursivo com poucas investigações.

Como *territorialidade* entendemos os vetores que atravessam as formações coexistentes, incluindo todos os grupos humanos, conforme definem Gilles Deleuze e Félix Guattari (1995, v.I:14/15).

A tentativa de desenhar o presente estudo dentro de uma perspectiva dinâmica teve suporte no novo modo de percepção/recepção da realidade, pelo qual a crise do determinismo altera não apenas a visão de ciência, mas "(...) afeta hoje o conjunto de representações do mundo." (Virilio, 1993)

Ressalte-se, portanto, que este *desenho* teve como objetivo apenas a montagem de uma cartografia, um traçado de singularidades, um mapa de realidades com o fim de inscrevê-las, e/ou transcrevêlas enquanto multiplicidades a-significantes[1].

No caso do atual trabalho, recortamos os resultados teórico-epistemológicos considerando o novo campo de intervenção social denominado aqui de educomunicação, partindo dos estudos já existentes e das respostas obtidas com a Pesquisa nas universidades e organizações sociais. A base para a escolha e delimitação do universo empírico foram: universidades públicas e privadas e a exposição e publicização relativas às práticas das organizações sociais e/ou seu tempo de atuação.

---

[1] No sentido utilizado por DELEUZE e GUATTARI de que algo é sempre resultante de imanências. *Mil Platôs*, 1995, Vol. I e II.

Desse modo, o universo da pesquisa delimitou-se a discutir um estrato teórico-epistemológico, propondo um percurso para identificar e desconstruir algumas contribuições teóricas e conceituais que vêm sendo produzidas, principalmente no meio acadêmico latino-americano, ressaltando-se, de modo específico, os autores Jesús Martín-Barbero e Ismar de Oliveira Soares, que se inspiraram nas experiências da inter-relação comunicação/educação.

Por outro lado, o texto oferece algumas categorias e conceitos inspirados na leitura de Gilles Deleuze e Félix Guattari, propostas em *Mil Platôs* (1995). A idéia foi buscar um referencial de flexibilidade e complexidade para abrigar as indeterminações das sociedades pós-industriais marcadas pelas novas tecnologias da comunicação e uma desconstrução de aspectos fundamentais do pensamento iluminista, tais como universalidade, racionalidade, determinismo.

No lugar de universalidade, totalidade, determinação, oposições e humanidade, propomos conceitos como multiplicidades, indeterminações, totalidade fragmentada, fluxos e conexos, redes semióticas.

Como conceito de Educação, utilizamos a perspectiva construtivista freireana, situando a prática educativa como processo contínuo de individuação no e com o social. Este percurso é observado como práticas que se inserem no movimento de inclusão, no qual ludicidade se mescla com visibilidade, produzindo, via consumo estético, uma etnicidade até então excluída, e/ou fora do padrão consensual da mídia (Vide Schaun, Angela, *Das Práticas Educomunicativas*).

Esta dinâmica de percurso que configura a inter-relação Comunicação e Educação são cadeias semióticas que se apresentam transversalmente como imagens e formas de atuar com e para a comunicação no contexto da educação e da cultura, que podemos denominar de *fluxos informacionais, que vão ecoar diante da*s singularidades de grupos, comunidades e indivíduos, propiciando o surgimento das articulações comunicativas peculiares.

O fluxo informacional são trajetórias invisíveis que se movimentam em cadeias semióticas de singularidades, que transitam de uma cultura para outra, impulsionadas pela desterritolização, agregadas a componentes estéticos, éticos e afetivos.

Alguns elementos nortearam a investigação. Inicialmente, os instrumentais escolhidos levaram em consideração um conhecimento prévio de alguns aspectos de observação, a partir da pesquisa realizada anteriormente, além das características básicas do próprio universo pesquisado. Uma demarcação apriorística de meios não deve ser entendida como uma estrutura que aprisiona, que contém a realidade, mas, de outro modo, tais instrumentos-meios serviram como "*lentes*" *que lançam um olhar através da realidade.*

Neste trabalho, foi considerado como suposto o estrato que dá consistência à temática: perpassar conceitos instauradores da discussão contemporânea, notadamente no que tange à comunicação, à educação e à cultura, sob o impacto das tecnologias avançadas, transfiguradoras dos sentidos, sob a égide dos fenômenos das interações transnacionais e de globalização.

A caracterização do presente foi priorizada no estudo, partindo-se de uma nova interpretação da realidade, pela qual não mais *fatores* conduzem à interpretação de uma origem fundada na causalidade, mas, sobretudo, a inscrição da sensibilidade dos *vetores* que passam a *con-figurar o sentido de presente continuum.* (Virilio, op. cit.). Este *part-de-pris* metodológico, fundado que está em novas medidas de percepção/recepção de mundo, sustenta-se não apenas em conhecer as singularidades inscritas, ainda pouco estudadas enquanto temática inter-relacional da comunicação/educação, mas, principalmente, por se posicionar diante do objeto e do universo, e também do objeto/universo e do universo/objeto com um *novo olhar*. O que denominamos de *novo olhar* inspira-se na descrição do eterno presente de Einstein: "Os acontecimentos não chegam até nós, eles estão lá e os encontramos de passagem." (Virilio, op. cit.).

Há, como suposto no âmbito do trabalho, o entendimento de que estamos presenciando um novo delineamento dos processos de produção cultural, tendo em vista as inúmeras *globalizações* que podem ser observadas nos diversos países, sobretudo nos latino-americanos, pois são experiências e historicidades sempre singulares de processos macroeconômicos mais amplos, complexos e globais, segundo Nestor Garcia Canclini (1997).

Questões Preliminares
A Discussão da Inter-relação Comunicação e Educação

A questão da interdiscursividade já vem sendo tratada desde as origens das ciências humanas, quando a produção deste conhecimento redireciona a posição do homem de sujeito do saber para objeto do saber.

Este movimento irá produzir o que Rodrigues (1997) conceitua como uma *inflexão normalizadora*, a qual produz uma inclinação do seu projeto voltada às demandas legitimadoras do poder, assim como reprodutoras do *senso comum* e do *bom senso* e das *tarefas terapêuticas*. Este efeito, explica o autor, reduz "o próprio discurso das ciências humanas a figuras, predominantemente, injuntivas, prescritivas e normativas". Tal *discurso* irá desempenhar uma função alimentadora das novas modalidades do saber, inspirado no iluminismo, cuja natureza funda-se em bases classificatórias e evolucionistas, "com suas metáforas redutoras deterministas, as metáforas dos discursos naturalista, economicista, historicista e filológico".

Este cenário discursivo da modernidade produzirá *l'avant-première* do que se convencionou chamar de tecnicismo, ou seja, a fragmentação do próprio discurso engendrado na modernidade. Uma pulverização e uma multiplicidade de saberes, bem como uma compartimentalização de universos e objetos, assim, implodem mediante formas variadas de discursos e irão produzir um confronto entre as mais variadas disciplinas, como também no âmago de uma mesma disciplina. A partir dessa nova configuração, instaura-se o conflito discursivo de base inter e intradisciplinar.

Michel Foucault, no seu clássico *As palavras e as coisas* (1966), problematiza esta questão, partindo do conceito de uma *tríplice bipolaridade*, baseando-se nas principais correntes da teoria sociológica: a materialista, a culturalista e a economicista[2].

Esta construção epistemológica tripolar é como edifícios e suas paredes que abrigam a ingerência do político na ordem científica, onde o poder exige a ordem que o saber legitima. Assim, a submissão do saber legitimando o poder produzirá a tecnização das ciências humanas que vão abrigar o novo modo de organização das sociedades contemporâneas; vale dizer que a ordem científica do saber no seio da modernidade converte-se em poderosos discursos instrumentalizadores da legitimação do político e do econômico.

Rodrigues (op. cit.) descreve este contexto afirmando que tal submissão engendra:

> (...) dispositivos de confirmação das suas opções de convencimento dos contraditores, de orientação das escolhas a fazer entre opções contrárias concorrentes, como, sobretudo, mecanismo ou serviço da rentabilização dos seus empreendimentos, de normalização dos efeitos perversos de atos e de re-centralização dos espaços marginais. Confundem-se, assim, hoje, facilmente, ciências humanas com técnicas de sondagem, com estudos de audiência, de públicos e de mercados, com instrumentos de peritagem, com engenharia psicossociológica, com

---

[2] Em síntese, Foucault explica as matrizes como vínculo de: ÉMILE DÜRKHEIM – A bipolaridade própria ao paradigma naturalista fundada no binômio norma *versus* função; KARL MARX – A bipolaridade ao paradigma culturalista econômico fundada no binômio regra *versus* conflito; MAX WEBER – A bipolaridade própria ao paradigma materialista e filológico fundada no binômio sistema *versus* significação. Foucault. *As palavras e as coisas*. 7ª ed. São Paulo: 1995, p. 36.

futurologia eleitoral, com modalidades clínicas de consultoria e de testagem.

A problemática instaurada por Foucault encontra eco em Marcuse, recentemente analisado por Gilles Châtellet (1998):

> Marcuse antecipa a roupagem cognitiva e ético-neurônica contemporânea, afirmando:
>
> (...) Podemos falar numa Tríplice Aliança política, econômica e cibernética, capaz de 'se autorganizar' em potenciais explosivos das massas humanas de grandes dimensões e de conjugar a atuação de dois protótipos da pós-modernidade: o "homo economicus" – o cidadão Robson, egoísta e racional, átomo de serviços e consumos e decidido a otimizar ao máximo esses bens e serviços; e o "homo communicans", o cidadão-termostato, habitante-bolha de um espaço ciber-simpático, sem conflitos nem dilemas sociais arcaicos, que se felicita por existir apenas como tênia cibernética sob perfusão de "inputs" e vomitando "outputs".

Sobre Comunicação

A questão comunicacional emerge na contemporaneidade a partir da prática discursiva das estratégias dos jogos de linguagem reguladores dos antagonismos de interesses múltiplos heterogêneos e multifacetados, inspirados nas tecnologias comunicacionais e na compressão espaço temporal (Harvey 1994).

A fragmentação do discurso é ela mesma legitimadora do pensamento científico, assim como a comunicação o é enquanto moldura epistêmica, cujo destino busca dar conta da produção fluida e plural das estratégias discursivas que se assemelham às regras da *bricolage*, jogos jogados no espaço público, enquanto desenraizamento da experiência coletiva (Sennett, 1979 e Habermas, 1987 e 1990).

Em contraste com as idéias até aqui expostas, Pierre Lévy (1998) faz a apoteose da *revolução virtual*. A propósito da cibercultura, Lévy decreta que esta "é hoje herdeira legítima das idéias progressistas do iluminismo". Numa linha que poderíamos denominar de anunciativa, assim como o arauto não da cibercultura mas diferentemente do contexto ôntico da cultura, posiciona-se missionariamente em favor das tecnologias avançadas, como elas mesmas constituidoras da iluminação humanística, elas, as tecnologias avançadas, como líderes mundiais no lugar dos homens. Profetiza Lévy (1998):

> A realização quase técnica dos ideais na modernidade coloca em evidência imediata seu caráter não irrisório, mas parcial, insuficiente. Pois está claro que nem a informática pessoal nem o ciberespaço, por mais generalizados que sejam entre o conjunto dos seres humanos, resolvem, por sua simples existência, os principais problemas da vida em sociedade. É verdade que concretizam de maneira prática as novas formas de universalidade, fraternidade, de estar juntos, de reapropriação pela base dos instrumentos de produção e de comunicação. Mas, ao mesmo tempo, eles desestabilizam rapidamente (e freqüentemente de maneira violenta) as economias e as sociedades. Ao mesmo tempo em que devoram os antigos poderes, participam da criação de poderes novos, menos visíveis e mais instáveis, mas não menos virulentos.

Combinar *universalidade*, *fraternidade* e *estar juntos* com *reapropriação*, *desestabilização* e *virulência* é assim como digitar um hipertexto indeterminado na sua própria essência, afetado não apenas pelo indeterminismo como pelo próprio desequilíbrio. Desequilíbrio que se instala entre o vácuo da informação direta dos nossos sentidos e a informação mediatizada das tecnologias avançadas. Lévy hipervaloriza a nova dimensão da realidade e parte para um delírio, conforme descreve Virilio (op. cit.):

> Terminamos por transferir nosso julgamento de valor, nossa medida das coisas, do objeto para a sua figura, da forma para a sua imagem, assim como dos episódios de nossa história para sua tendência estatística, de onde o grande risco tecnológico de um delírio generalizado de interpretação.

A superestrada da informação nada mais é do que o movimento global de *bits* sem peso e à velocidade da luz. O mundo digital se diferencia do mundo dos átomos porque a relação volume *x* profundidade desaparece. No mundo digital, o meio não é mais a mensagem, porém uma das formas que ela assume (Negroponte, 1995).

McLuhan (1964) estabelece esta dimensão no campo dos mídia ao propor o conceito de *luz como informação pura*. No seu conceito de que o *meio é a mensagem*, está inexoravelmente contida a substituição da palavra *matéria* por *luz*, donde a percepção muda igualmente passando a se constituir em apercepção. Esta mudança de escala de visibilidade e dos sentidos é retomada por Virilio na configuração de *O Espaço Crítico* (1993). Ele prenuncia:

> (...) se a velocidade é a luz, toda a luz, então a aparência é o que se move, e as aparências são transparências momentâneas e enganosas, dimensões do espaço que não passam de aparições fugitivas, assim como as figuras, os objetos percebidos no instante do olhar, *este olhar que é, a um só tempo, o lugar e o olho.*

Este olhar-lugar, ao ganhar a velocidade da luz, perde a sua própria corporeidade, sua volumetria como espacialidade concreta dos mitos e dos ritos do passado. Como diz Baudrillard (1995):

> A leitura de uma tela é completamente diferente da leitura do olhar. É uma exploração digital em que o olho circula segundo uma linha constante (...) e, se caímos com tanta facilidade nessa espécie de coma imaginário da tela, é porque ela traça um vácuo perpétuo que somos solicitados a preencher. Proximia das imagens, promiscuida-

de das imagens, pornografia tátil das imagens. Esta imagem está, porém, a anos-luz. É sempre uma tela-imagem. Está situada a uma distância muito especial que só se pode definir como *intransponível pelo corpo*. A distância da linguagem do palco, do espelho é transponível pelo corpo, é por aí que ela permanece humana e se presta à troca. A tela é virtual, logo é intransponível. Por isso ela se presta a essa forma abstrata, definitivamente abstrata, que é a comunicação.

A comunicação está em tudo. Tudo é comunicação, transitando num pântano invisível, transparente, entre linguagens, palavras, discursos, sons, falas, imagens, narrativas, abrigando, ainda, a discussão de uma nova dimensão da realidade, propiciada pela velocidade da luz.

Comunicação passa a ser desgaste de energia, atrito, fricção, movimento intermitente, produção, consumo e pura circularidade. Paradoxal é perceber: a comunicação enquanto expansão, dispersão e circulação torna-se nula, incomunicável; é matemática; é informação.

Para comunicar devem-se produzir *articulações*.

Presenciamos, assim, a constituição de um novo espaço discursivo que não vem atender apenas à necessidade de reprodução e legitimação de saberes, mas que passa a empreender uma autonomização completa em relação à vida social; trata-se do campo discursivo dos media (Rodrigues, op. cit.).

O que conhecêramos como cultura de massa não é mais um fenômeno de representação da *middle-cult* em escala industrial, tampouco a ideologização dos meios de produção que se tornou Indústria Cultural, mas uma forma nova de escrita, ou seja, um fenômeno que inscreve uma nova forma não apenas de produzir, mas de *recepcionar* a cultura.

A revolução científica e industrial, engendrada sobretudo a partir da revolução dos transportes e das transmissões, promoveu inicialmente uma transformação radical da empresa artesanal das aparências, fundada na volumetria geométrica, pictórica e arquitetônica.

De acordo com Virilio (op. cit.), esta transformação se processa na medida em que "fábrica de velocidade e, portanto, de luz tornou-se subitamente *projeção cinemática da realidade,* fabricação de mundo, de um mundo de imagens artificiais, *montagem de seqüências em que a ótica da ilusão motora renova a de ilusão ótica...*" A partir dessa gênese do universo, "*transforma-se o espelho num corredor, um lugar de passagem obrigatória*".

Este corredor-passagem é o novo espaço que abriga dimensões recém-constituídas, como *hiperespaço e hipervolumes, hipertextos*, num contínuo presente donde a noção de *interface* se generaliza.

A possibilidade de interlocução entre diferentes campos de saberes pode revelar a transversalidade da produção de conhecimentos científicos sobre questões que envolvem a comunicação e a educação, que necessitem de reflexões teóricas, de unidades com práticas acadêmicas separadas e departamentalizadas, mas não de todo distintas.

Em particular, a investigação parte de pressupostos já dados, do ponto de vista da discussão epistemológica a respeito de paradigmas que surgem com a pós-modernidade. A este respeito, vale resgatar a problematização sintetizada por Lyotard (1986), a propósito da legitimação do discurso enquanto prática narrativa de poder e do discurso científico, em particular:

> O consenso tornou-se um valor ultrapassado, e suspeito. A justiça, porém, não o é. É preciso então chegar a uma idéia e a uma prática da justiça que não seja relacionada ao consenso.(...) O reconhecimento da heterogeneidade dos jogos de linguagem é um primeiro passo nesta edição. Ela implica evidentemente a renúncia ao terror, que supõe e tenta realizar sua isomorfia. O segundo é o princípio de que, se existe consenso sobre as regras que definem cada jogo e os lances que aí são feitos, este consenso *deve* ser local, isto é, obtido por participantes atuais e sujeito a uma eventual anulação. Orienta-se então para as multiplicidades de metargumentações versando sobre metaprescritivos e limitadas no espaço.

Os parâmetros norteadores da investigação vão ao encontro dessa discursividade que se constitui múltipla, metargumentativa e metaprescritiva, mas sobretudo que se realiza ou *deve ser local.* Este fundamento poderá incrementar algumas bases para o debate que se pretende instaurar, principalmente pelas características comunicacionais com e no âmbito educativo, e que são construídas, portanto, eminentemente culturais.

O moto-contínuo que envolve a questão corresponde às constantes mutações das interações sociais, a partir de uma concepção de *contratualidade social temporária e sem compromisso*, pela qual são atores as relações profissionais, afetivas, sexuais, grupais, tribais, culturais, familiares e transnacionais.

Os fundamentos permanentes, base das sociedades modernas, fundadas no princípio do contrato social, são contraditados por essa nova contratualidade, como assinalam Negri e Hardt (*Império*, pág. 68):

> (...) O que aparece não é uma nova racionalidade, mas um cenário de atos racionais, diferenciados – um horizonte de atividades, resistências, vontades, desejos que rechaçam a ordem hegemônica, propagando linhas de fuga, forjando itinerários constitutivos alternativos (...).

Esses autores propõem uma *utopia de liberação*, inspirada "na cooperação produtiva da intelectualidade de massas, das redes afetivas, na produtividade da biopolítica pós-moderna. Essa militância transforma a resistência em contrapoder e troca a rebelião por um projeto de amor" (pág. 571).

As sociabilidades são tremendamente afetadas pela informatização, instrumento de regulação e controle do mercado, regido prelo princípio do desempenho, afetando radicalmente a produção do próprio saber. Este novo formato social engendra uma espécie de *terror* implícito e tácito, invisível e disseminado. Vive-se a democracia global através da imagem, a politização total dos argumentos e a total despolitização do social, pois o social está em tudo (Baudrillard 1993).

Os jogos de linguagem convertem-se em jogos de informação e liberação, discussão contida nos pressupostos da pós-modernidade, explicitados por Lyotard (1986), significando:

> jogos de informação completa no momento considerado. Mas eles serão também jogos de soma não nula e, nesse sentido, as discussões não correrão o risco de se fixar jamais sobre posições de equilíbrio mínimo, por esgotamento das disputas. Pois as disputas serão então constituídas por conhecimentos (ou informações) e a reserva de conhecimentos, que é a reserva da língua em enunciados possíveis, é inesgotável. Uma política se delineia, na qual serão igualmente respeitados o desejo de justiça e o que se relaciona ao desconhecido.

Sobre Educação

Abordar a Teoria da Educação como conceito é tema para inúmeras interpretações. O objetivo dessa colocação preliminar é estabelecer um referencial de partida abrindo espaço para a construção do tema, na inter-relação proposta, portanto, delimitada a partir da comunicação.

Há três acepções consideradas clássicas para a abordagem da questão, conforme John Dewey (1968). Todas referem-se à Educação enquanto âmbitos de pensamento, ou três espaços articulados entre si – a rua, a profissão e a academia:

- a Rua – refere-se às estruturas simbólicas e conceituais com as quais os homens costumam tomar as suas decisões educacionais. Neste âmbito, analisa-se a tradição pedagógica da cultura;
- a Profissão – diz respeito às representações intelectuais formadas por materiais heterogêneos, com os quais os profissionais do ensino interpretam situações pedagógicas específicas. Este campo analisa as teorias pessoais dos agentes educativos;

- a Academia – denominação das organizações de conceitos educacionais construídas mediante a aplicação de critérios e regras de epistemologia voltados aos campos de objetos do conhecimento educacional. Este aspecto pretende dar conta da construção de ciência.

Apesar de nada ter a ver com uma racionalidade específica para cada um dos âmbitos mencionados, parece que o primeiro conceito consegue estender um pano de fundo no qual poderá vir a se estabelecer a problemática específica da comunicação e educação.

Carrasco e Dujo (1996) estabelecem uma interessante descrição sobre os aspectos subjacentes aos processos educacionais, cujos princípios inspiram o âmago da discussão a respeito da inter-relação comunicação/educação na tecitura cultural:

> (...) a expressão Teoria da Educação torna explícitos alguns dos processos que subjazem ao que parece ser o denominador comum de todas aquelas acepções, a idéia de representação conceptual de fenômenos, sucessos, acontecimentos ou processos reais. (...) As perguntas sobre educação inquirem sobre aspectos setoriais do Universo, aqueles nos quais o homem e a sociedade são os elementos mais relevantes. A educação é, pois, tomada em seu conjunto, um acontecimento do Universo.

Nesse prisma, pode-se discorrer sobre algumas considerações iniciais em relação à intervenção educativa, enquanto ação sociocultural, plasmada num discurso crítico a respeito do presente, ou seja, das sociabilidades representativas de um determinado processo histórico. Referências a este respeito são feitas por Carrasco e Dujo (1996):

> A ação educativa funciona como um mecanismo mediante o qual se reproduz em cada geração o ordenamento que contém os sócio-tipos humanos (organização social no espaço e tempo concretos) e se transmite o capital cognitivo que se estima requerido para o cumprimento das regras e funções sociais, assim como para o estabelecimento do

> discurso crítico que permite a mobilidade e as mudanças nas sociedades. Nesta perspectiva, educação traduz o conceito de socialização. (...) Porém há uma clara dimensão pessoal de desenvolvimento de potencialidades, de equilíbrio e resistência ao rompimento, de capacidade de recomposição e, se levamos em consideração as representações da linguagem ordinária, também contém um certo padrão de excelência, qualidade e distinção, de valor e qualidade de comportamento.

Este processo inspira-se em Paulo Freire (1981), cuja filosofia assenta-se em princípios éticos bem explícitos:

> Na medida em que a condição básica para a conscientização é que seu agente seja um sujeito, isto é, um ser consciente, a conscientização. Como a educação é um processo específico e exclusivamente humano. (...) Homens e mulheres, pelo contrário, podendo romper esta aderência e ir mais além do mero estar no mundo, acrescentam à vida que têm a existência que criam. Existir é assim um modo de vida que é próprio ao ser capaz de transformar, de produzir, de decidir, de criar, de recriar, de comunicar-se.

Ao enunciar a palavra comunicar-se, Freire assume o entendimento de uma filosofia educacional necessária e irrevogavelmente voltada para a comunicação entre os homens, no âmago da construção de devires, e inspirada nas experiências culturais. O pensamento freireano obteve difusão e repercussão mundial, e hoje é dos mais difundidos, pois abriga a proposta de que a Educação deve ser um processo revelador e habilitador, uma permanente descoberta, um movimento e um embate para e pela liberdade. Na inter-relação comunicação/educação, pois, coloca-se esta perspectiva da crítica e do pensar contínuo a transformação social.

Nós nos tornamos hábeis para imaginativa e curiosamente "tomar distância" de nós mesmos, da vida que portamos, e para nos dispormos a saber em torno dela. Em certo momento, não apenas *vivíamos,* mas começamos a *saber* que vivíamos, daí que nos tivesse sido possível saber que sabíamos, e, portanto, saber que poderíamos saber mais. O que não podemos, como seres imaginativos e curiosos, é parar de aprender e de buscar, de pesquisar as coisas em suas singularidades.

Não podemos *existir* sem nos integrar no amanhã, no que virá, a favor de quê, contra quê, a favor de quem, contra que virá: sem nos interrogar em torno de como fazer concreto o "inédito viável", demandando de nós a luta por ele (grifos do autor) (Freire, 1992).

O sentido de "inédito viável" tem a ver com o rompimento das barreiras, as quais Freire denominou de aderências na obra *Pedagogia do Oprimido* (1987), a ruptura das situações-limites e limitadas do ser-menos (do oprimido), como ele denomina e cita o que Fanon[3] chamou de colocar-se "fora". Tal rompimento também indica que não basta a consciência e a crítica da realidade que devem estar intrínsecas ao processo pedagógico, mas que é preciso sonhar para transformar a realidade, o que ele conceitua como *ser-mais*[4], equivalendo a dizer ir além, libertando-se das aderências, buscar e criar devires.

Mais recentemente, Edgar Morin (1997) vem propondo o repensar da educação a partir do que ele próprio considera como os grandes paradigmas humanos: incerteza cognitiva e incerteza histórica.

Morin argumenta que conhecer e pensar "não é chegar a uma verdade absolutamente certa, mas dialogar com a incerteza". A sua argumentação vai no sentido de que o conhecimento que é compreensível baseia-se sobre a empatia e a comunicação, ligando as Emoções para abrir-se em direção ao complexo.

---

[3] Fanon, Frantz. 1975. *Peau Noires masques blancs.* Citado por Freire, Fanon, nesta obra, defende que é preciso que o oprimido – negro, no caso – coloque-se "tomando distância de", "localizando fora de" para então compreender o papel do patrão, do opressor, inserido no sistema socioeconômico e político.

[4] FREIRE, op. Ct. P. 100-101.

Sem dúvida, seu raciocínio conduz aos sentidos e às possibilidades sempre infinitas de aprendizagens permanentes, inspiradas nas transdisciplinaridades e nas circularidades, nas invasões e migrações interdisciplinares. Sua linha pretende levar a uma reformulação do pensamento disciplinar e categorial dos sistemas educativos. Mas é em Deleuze e Guattari (Ibid.) que encontramos uma possibilidade mais radical a respeito da questão da educação nos seus intermeios comunicativos. Para eles, "a máquina do ensino obrigatório não comunica informações, mas impõe à criança coordenadas semióticas com todas as bases duais da gramática". Nesse limiar tênue, pensamos, pode perpassar a inter-relação Comunicação/Educação.

Sobre Culturas Híbridas

Assistimos ao redesenho de múltiplas realidades. Os fluxos comunicacionais transnacionais e midiáticos produzem contrafluxos em esfera global de forma indeterminada.

O pensamento arbóreo, do qual partem os princípios do pensamento ocidental, sua racionalidade indutiva e dedutiva, já não comporta a nova lógica dos sentidos, permeados que são pelas tecnologias informacionais da imagem.

A cultura, o ser e a razão constituem totalidades identitárias a partir da unicidade e da universalidade do pensamento moderno iluminista. O que se percebe hoje são totalidades fragmentadas (Delleuze), totalidades que não podem mais recuperar a imagem inicial, a não ser na memória, na produção das memórias reproduzidas incessantemente pelos suportes digitalizados,virtuais e midiáticos.

O termo cultura no singular já não consegue abrigar as complexidades e as multiplicidades germinadas nos fluxos comunicacionais e midiáticos, interativos e instantâneos.

Culturas híbridas (Canclini) traduzem historicidades diferentes onde modos de vida globais e sistemas de significações se entrecruzam, produzem mesclas e miscigenações nas redes fluidas, intercomunicando povos, etnias e classes. Em verdade, são cartografias a constituírem um cenário heterogêneo e plural do qual passam a fazer parte atores antes esquecidos: negros, mulheres, crianças, homossexuais, índios e grupos e etnias os mais diversos. Os conceitos de Cultura e Identidade Cultural hoje aportam o sentido de cartografias culturais e sentimentos identitários, pelo qual o substantivo cede lugar ao adjetivo, permitindo uma abertura qualificativa de várias narrativas e histórias, acolhendo vozes, rumores e falas até então excluídas.

Os estudos culturais consolidam posição no mundo acadêmico fazendo emergir a criação de conceitos como: topografias da memória, mediações, culturas híbridas, componentes identitários, além do emergente campo transdisciplinar da comunicação/educação e cultura. Uma nova cartografia cultural mundial se delineia a partir das transformações radicais advindas da base produtiva/tecnológica/informacional e política da sociedade contemporânea.

Na América Latina, tais transformações ganham dimensões específicas pela importância e velocidade do circuito da informação e o papel político dos grandes meios de comunicação na configuração dos Estados Nacionais, das modernidades tardias regionais, e, ainda, no conceito histórico-ideológico de nacional-popular, manifestado sobretudo nos anos 40 e 50 com o cinema e o rádio, e nos 60 e 70 com a televisão e os movimentos da contracultura.

O papel dos meios de comunicação foi preponderante no contexto latino-americano, principalmente o da televisão, "criando novas narrativas e construindo um imaginário-real, tipicamente latino-americano, híbrido", como diria Canclini (1997), e "criando um social irradiado e reinventando a cultura", como afirma Muniz Sodré (1992). A este respeito, o hoje já clássico estudo de Jesús Martín Barbero,

Dos Meios às Mediações (1997), nos reporta ao entendimento de um novo modo de existência do popular surgido com a urbanização industrial, produzindo a mediação, ou seja, o modo individual de recepção.

As novas cartografias passam a constituir um cenário heterogêneo e plural, dão conta da complexidade do termo "Cultura", não sendo mais possível nomeá-la no singular. Para Muniz Sodré (op. cit.), a globalização tecnoeconômica, produto de uma nova etapa qualitativa da planetarização, acolhe a fragmentação territorial. A virtualidade do mercado tende a nivelar culturalmente as diferenças de povos e costumes, deixando intocada a questão do etnocentrismo ocidental, sendo esta "a questão essencial da heterogeneidade simbólica".

Dos Enunciados
Identidade-Diferença
Relação de Identidade do Mesmo
Breves Reflexões no Tempo

A Questão da identidade e da diferença para o tema da Educomunicação se impõe na medida em que o reconhecimento do outro enquanto diferente e singular é dado pelo processo de socialização, em que a comunicação é fenômeno estruturador de reconhecimento do indivíduo e a educação é responsável pelo processo formal e não-formal de construção do sujeito social.

A problemática da Identidade-Diferença, infletindo sobre o Mesmo, como conjunção, baseia-se na filosofia fenomenológica, em primeiro momento, justificada por ser capaz de abrigar a tensão de propor criativamente os primeiros traços de um pensar pedagógico/comunicacional enquanto experimentação de pertencimento.

É preciso repensar essa questão, a partir da desconstrução de modelos identitários reiterados pela mídia, produzindo novas singularidades no veio das redes semióticas que são peculiares às sociedades tecnológicas, globalizadas e mediatizadas.

E que tudo seja igual e que tudo seja outra coisa. Picasso (1999)[5]

---

[5] Texto de exposição no Museu de Arte Moderna - MAM, Rio de Janeiro, 1999.

A questão da Identidade-Diferença como tecnologia fundante do racionalismo constitui-se num acontecimento radical da cultura do ocidente. Desde os gregos clássicos, a invenção do ser afirma a fixação da diferença através da identidade, enquanto mecanismo de identificação. Estabelece-se, assim, como sistema de pensamento, o controle da multiplicidade pela identidade e da identidade pela diferença.

Para Aristóteles (1978), quando o homem escolhe *a potência do ser* ocorre a passagem da potência ao ato, pelo qual o ser "resgata" o não-ser e o transporta consigo. Desse modo, o sistema metafísico afirma a positividade e a negatividade como opostos, segundo o próprio Aristóteles, podendo o homem escolher o não-ser, condição essa que o condenará a permanecer sem positividade, ou seja, no âmbito da potência de não-ser.

Nem sempre foi assim. O pensamento circular predominava na maioria dos pensadores originários. Para a cultura mítica, a harmonização das diferenças constituía-se na força-motriz da experiência de habitação, vale dizer, da vivificação do *éthos* mítico. A unidade dos opostos, da qual Heráclito (1978, frag. XXIX) se faz anunciador, diz da unidade fundamental de todas as coisas, "*unidade de tensões opostas*", "*todas as coisas são Um*", pois, para ele, os contrários consistiam precisamente na unidade profunda que as oposições aparentes ocultam e sugerem. Como na *physis*, "*a natureza que gosta de se ocultar*", mantendo o vigor de mostrar o ser, evitando abismar-se no não-ser. Na mesma ordem mítica convivem ordinário e extraordinário, como percebe-se no seu pensamento.

Essa tensão proveniente do Fogo gera o império do Logos, o qual contém, em sua constituição física mesma, as transformações infinitas do Fogo, exercendo a função de racionalização nas permutas substanciais, porém, sem jamais negar-lhe a característica de *fluxo universal*, de luta, de embate incessante e de permanente instauração.

Posteriormente, através das interpretações dos fragmentos dos pensadores originários, sobretudo de Heráclito e Parmênides, essa tensão veio a produzir a experiência de divisão mito + logos, seguindo caminhos diversos.

Consolidando-se, no percurso histórico-ontológico ocidental, e finalmente plasmando o *éthos lógico*, com primazia sobre o mítico, a imbricação entre ordinário – enquanto serial – e extraordinário – enquanto falta – gera o caos e o acaso, que se tornam negatividades, resultando na indiferenciação, na impossibilidade de identificar. Esta é a problemática filosófica crucial que perdura contemporaneamente sobre o mito, sobre a qual Emmanuel Carneiro Leão diz:

> (...) na perspectiva de uma análise originária, que problematiza tanto a Racionalidade como a Irracionalidade, o interesse dos filósofos existenciais pela verdade do mito brilha numa outra luz. Na luz de uma reflexão em que o pensamento procura, retornando à proveniência, recuperar as forças de seu vigor originário. Originário porque foi a simplificação e redução desse vigor que deu origem ao binômio razão e irrazão. Colocado, assim, aquém dessa alternativa já derivada, o problema do mito não é apenas um problema entre outros problemas. A verdade do mito não é apenas a verdade entre outras verdades. É inseparavelmente o problema da filosofia e o problema da verdade. (1977:194)

Na direção da positividade, afirma-se o projeto metafísico clássico, construindo as bases da arquitetura do pensamento ocidental. Teria sido provavelmente com Platão e, em seguida, com Aristóteles (op. cit.) que, interpretando e reinterpretando os escritos deixados pelos pensadores originários, foi consolidada a questão do ser, como axioma de base dessa tecnologia de pensamento, a saber:

Ser
poder ser e poder não ser,

dever ser e poder não ser,
dever ser e dever não ser,
ser e não ser,
e finalmente ser.
D'Amaral (1999)

O Ser, como essência e totalidade, vem a coincidir, posteriormente, com o monoteísmo teológico – Deus Absoluto – e com o monoteísmo ontológico – O Ser Total (e com maiúscula).

De acordo com Márcio Tavares D'Amaral (1999), quando o Ser se naturaliza, edifica a vitória do sistema identitário, traduzido na aposta da cultura ocidental de produção de diferença por identificação. No entanto, algumas operações já tinham sido realizadas pelos gregos para permitir a passagem da cultura mítica para a cultura lógica.

Márcio Tavares D'Amaral (1999) resume em três as operações realizadas e indispensáveis para a consolidação desse intento onto-teológico:

1. A homogeneização do Espaço.
2. A homogeneização da Linguagem como poder de instauração do Mundo.
3. A simplificação e homogeneização do Tempo.

Os gregos arcaicos e os clássicos não dispunham de uma palavra para dizer Espaço, na dimensão que hoje sabemos de geometria tridimensional. Havia uma abstração dos espaços reais onde viviam, e que eram os lugares. Para eles, lugar tem uma idéia de ocupação, é um centro sempre ocupado por um corpo, o corpo é que existe e não o lugar. O lugar é regido por uma força, por uma instituição concreta. Esta idéia ainda é fortemente preservada nas culturas negras de *arché*, força de *Axé*. Esta noção traz consigo todo o vigor da proteção de um deus, que vai de um marco para outro marco. Trata-se da vigência da força de proteção divina sempre relativa aos corpos que ocupam.

Essa noção relativa e não absoluta é, portanto, contraditória ao ser, pois a emanação do ser ou é absoluta ou não vigora.

Por isso, foi necessário homogeneizar os lugares, o que foi possível através do invento da geometria. A criação geométrica pressupõe pontos necessários e discretos onde a velocidade é desconsiderada; os pontos são desenhados e controlados, ponto a ponto, assim como todas as dimensões, extensões, produzindo, via tecnologia, uma verdadeira operação estratégica, possibilitando o domínio do espaço absoluto. Dominar com extrema simplicidade e para as finalidades múltiplas e caóticas dos lugares, dos seus habitantes e de suas forças. Espaço como puro continente para qualquer conteúdo. Espaço para o Ser.

A uniformização da Linguagem foi a outra operação fundamental no sentido de promover a neutralização da tensão entre o ordinário e o extraordinário. Para os antigos, essa crença ainda perdura nas culturas ancestrais como a afro-brasileira, por exemplo, em que a Linguagem detém o poder de instauração do Mundo. O poder da palavra era dom especial do *Aedo* – ou Poeta, narrando histórias; do Rei, como soberano legislando; e do Xamã, adivinhando, anunciando o divino, prenunciando a instauração do Mundo.

Assim é que a linguagem detinha três ordens: a narrativa, a legisladora e a divina. Linguagem era então como anunciadora de ordem e desordem, um índice de perturbação, desdobramento, caoticidade. Apenas o trabalho, em permanente tensão, era capaz de produzir um desequilíbrio estável entre caos e cosmos. Linguagem como tal detém a máxima potência de realização, pois o real pode ser da ordem da linguagem.

A esse estado de máxima potência instauradora de Mundo, os gregos respondem com a tecnologia da neutralização da linguagem em torno do verbo ser no infinitivo, produzindo uma potência infinita de realização, não mais da linguagem como diferença, mas o Ser como eternidade. O Ser, dito na terceira pessoa do singular, no presente do indicativo, abre a chancela de uma pré-compreensão do Ser como presença absoluta.

Aqui se encontra, possivelmente, o fundamento da representação do sistema de produção da Verdade, na ordem do Ser. Esta singularidade instituída pela linguagem, que funda a possibilidade de qualquer coisa indicada ser. Ao que tudo indica, as línguas pós-gregas e européias constroem as bases das suas formulações filosóficas, inspiradas no princípio da Verdade, partindo da compreensão grega do Ser como Eternidade.

A partir daí, todo o finito ser é indicado como positividade: isto é, ser é.

O que poderia ter sido apenas um jogo de linguagem, no sentido de Wittgenstein, veio então a constituir-se num modo de pensar, mais que isso, num sistema de pensamento. A partir de então, o Mundo e sua abstrata e infinita espacialidade estavam controlados pela geometria da exposição de corpos, e, através da linguagem, produzindo-se uma síntese geométrica da posição dos nomes, controla-se e enfatiza-se a representação.

Restava, então, o enigma do tempo.

Muitas eram as palavras com as quais os gregos diziam do tempo.

Tempo poderia ser o Acaso, *Ayon*, no sentido heracliteano, de brincar com o tempo: *O tempo é criança brincando, jogando; de criança o reinado* (idem, ibidem; IX, 9). Trata-se de instituição de causalidade do que se dá, natureza, *physis*.

Tempo era também Oportunidade de ocorrência de algo, *Kairós*, ou, então, momento oportuno para a eclosão, o surgimento de algo, no seu tempo e momento adequados, no tempo que lhe pertence; aparece na natureza assim, oportunamente, a *physis*, no momento certo.

Mas o tempo bem poderia ser Duração, *Kronos*, no sentido de demora, associada ao *éthos*, ou seja, à demora, ao tempo de permanência em um lugar, um lugar que lhe é próprio, um lugar que lhe pertence.

Tempo era ainda um lugar de Ocupação, *Hóra*; aí está contida a idéia de cruzamento entre tempo e espaço, no sentido de território: quanto tempo durava para caminhar entre dois marcos. Tempo e lugar se cruzam como forma de ocupar.

Tempo era igualmente entendido e, sobretudo, anunciado como *Éthos*, lugar de habitação, de morada, de acolhimento de um modo determinado de vida.

Como lidar com tantas ordens de tempo, e tantos tempos possíveis? Como lidar com tantas possibilidades de se dizer o tempo?

O tempo não passa na ordem do Ser. A convicção de que o Ser é, no presente, no passado foi, no futuro será, traduz a idéia de um tempo único. O tempo cronológico do presente do Ser. O tempo verdadeiro é a Eternidade.

O Tempo do Ser. Nesse caso, há uma simplificação do tempo da *physis*, este passa a constituir-se apenas num tempo de passagem. O Kronos como idéia que permeia a duração, controlando passado, presente e futuro, passa a predominar na medida mesma de sua instituição como possibilidade, a mais radical possível, de controle do tempo como *physis*, como passagem, acidente.

Talvez aqui, como passagem acidental, tenha permanecido algum vestígio dos variados tempos da *physis*. Assim, numa ousadia de Ayon, do tempo-acaso, e se deixando passar numa brecha, num breve interstício, por onde escorreram as filigranas do próprio tempo, como uma ampulheta invisível, uma imagem possível, foi talvez por onde os filósofos, da modernidade e do contemporâneo, começaram a vislumbrar a questão da Identidade e da Diferença enquanto *habitação do humano no tempo*.

Vários são os pensadores que estabeleceram uma interlocução a esse respeito. São abordagens heurísticas, na perspectiva e na busca de elementos novos que possam vir a *delimitar o âmbito em que homem e ser acontecem e se apropriam reciprocamente (*Heidegger, *1978:185).*

Vejamos: de Platão a Aristóteles, de Santo Agostinho a São Tomás, de Kant a Comte afirmando a racionalidade e o absolutismo da metafísica, até chegar a Hegel e a Marx negando a razão pura e trazendo o tempo como diferença na discussão dialética da história, de Nietzsche a Husserl trazendo de volta o fenômeno, a ordem do extraordinário para fazer diferença à morte de Deus, e chegando em Foucault para quem as referências constituem-se em diferença na questão do tempo e da arqueologia do saber como discurso.

Mas é primordialmente em Heidegger em quem nos firmamos, no sentido de *una fermata, tanto per mirare il sole*, nossa parada desvelando o horizonte, pois com ele se aprofunda abismaticamente a questão da Identidade e Diferença que nos angustia e nos empurra para a tentativa de um singelo olhar. Mas, a mim seria possível, no tempo, com ele dialogar?

Nesse momento, estamos nos aproximando do texto *Identidade e Diferença*, escrito em 1957, por Martin Heidegger. Vamos nos ater apenas à sua primeira parte, a que trata sobre "O Princípio da Identidade". Este recorte deve-se ao cuidado de olhar e escutar os sibilos de uma paisagem-texto tão densa e plena, que o nosso olhar não seria capaz de ver muito mais longe, pois, sabe-se, longe ou perto, de paisagem tão bela, não devemos esquecer:

Natureza ama esconder-se. Heráclito (1978:V, p.69: 91).

De outro modo, importa-nos refletir, neste breve ensaio, sobre a questão do Mesmo enquanto conjunção, comum-pertencer, no âmbito da problemática da Identidade e Diferença, rabiscando os primeiros traços a propósito de se pensar sobre tal conjunção, na possibilidade criativa de se pensar uma tecnologia educacional, em que tal conjunção bem poderia vir a se constituir numa das formas do pensar pedagógico/comunicacional enquanto experimentar a comunidade a partir do pertencer.

Heidegger (1978) evoca a fórmula corrente A=A. Sobre ela levanta, no sentido de revelação, o que havia de oculto no princípio da identidade. Primeiro, como princípio, para ele "*suprema lei do pensamento*", em seguida, nos faz ver que tal fórmula, A=A, expressa, em verdade, um princípio de igualdade, pois um A se assemelha a outro A, exprimindo uma designação de igualdade. Trata-se de perguntar: tal coisa pode ser expressa como princípio de identidade?

Heidegger demonstra o que a fórmula esconde: *Para que algo possa ser o mesmo, basta cada vez um. Não é preciso dois como igualdade (...) A é A, quer dizer, cada A é ele mesmo o mesmo* (1978: 179).

Desde já, torna-se claro e fundamental compreender o princípio da identidade como relação, pois aí se afirma o princípio de que a cada identidade habita a relação "com" (Heidegger 1978:179). A idéia de unidade torna-se expressa pela mediação na união, portanto, num movimento claro de *comum-pertencer como plenitude do homem*. É na correspondência relacional que podemos interpretar o mesmo e não no vazio abstrato do ser do ente, como universalizou o pensamento ocidental-europeu, consubstanciado nos doutrinamentos metafísicos, cujo enunciado diz: *a identidade faz parte do ser*.

Ao resgatar Parmênides, Heidegger (1978) convoca-nos a ouvir o teor da sua proposição: *O mesmo, pois, tanto é aprender (pensar) como também ser.*

Diz aqui de um acontecimento-apropriação quando entregue ao movimento do logos, num movimento de fluxo universal: homem e ser são o mesmo numa radical provocação, numa potência máxima de vigor, pois somente dessa forma se presenteia ao homem o ser é. De outro modo, é abstração.

Os objetos da técnica, a exteriorização dos sentidos do homem, a abstração metafísica do Ser, enquanto totalidade, absoluto, abstração máxima, levam a interpretar o comunicacional-pedagógico como técnica, fazendo do homem sujeito do objeto didático, e não não-sujeito de uma paidéia, fundada na experiência ética do habitar humano no tempo.

Tal é o nível de arrazoamento – no sentido heideggeriano de expor, apresentar razões, raciocinar, discorrer – que chegaram homem e ser na interpelação e enfrentamento com a técnica que não podemos simplesmente desprezar. Mas também não devemos valorizar acima das medidas do seu próprio poder de determinação, e abandoná-lo no seu predomínio metafísico, no qual reside a sua mediocridade, mas também o seu poder, de através da ciência e da linguagem serem únicos instauradores de mundo.

Esta questão leva-nos a propor uma *découpage* dos sistemas de pensamento predominantes, desnudando-lhes a sua arquitetura, mas também, lembrando Foucault (1987), a sua arqueologia, recolhendo-lhes as pedras de fundação, seus alicerces, desconstruindo-lhes os sistemas discursivos, enfim, depurando seus elementos-chaves, suas palavras-guias.

Pois é na ordem da linguagem que homem e ser acontecem e se apropriam dinamicamente, como bem ressalta Heidegger (1978:185/6):

> Pensar o acontecimento (apropriação) como acontecimento-apropriação significa trabalhar na edificação desse âmbito dinâmico. O material de construção para esta construção dinâmica o pensamento recebe da linguagem. Pois ela é o movimento mais delicado, mas também mais frágil, que tudo retém na construção suspensa do acontecimento-apropriação. Na medida em que nossa essência está en-

tregue à linguagem como propriedade, residimos no acontecimento-apropriação.

Apenas no movimento da comunidade, do apelo, do comum-pertencer é que acontece aprender-pensar-ser, em que se revela a identidade como propriedade do acontecimento-apropriação.

A relação de identidade do Mesmo reside na temporalidade circular, na tensão permanente de se fazer questão do pensar na ordem possível do acontecimento-apropriação. A mesmidade é essência de homem e ser na única e radical maneira de presentear, fazendo o movimento do comum-pertencer, e, somente no comum-*pertencer,* o Mesmo acontece.

E não ao contrário, como propôs Parmênides, de que a mesmidade se encontrava, enquanto princípio de identidade – aqui entendida como igualdade – no aprender (pensar) e ser, pois desde já, do que aqui se trouxe, fica claro que aprender (pensar) e ser não passam de abstrações metafísicas na ordem da representação; por isso, não são identidades, pois que identidades não podem se constituir sem a mediação do Mesmo; sendo o mesmo, é ele mesmo o mesmo e o único capaz de produzir o comum-pertencer, a relação do mesmo como conjunção homem e ser. Somente então *algo acontece.*

Chamamos de volta o tempo, nas suas várias formas de dizer do acontecimento-apropriação: *Ayon! Kairós! Kronos! Hóra! Éthos!* Evocando Heráclito (1978, frag. XVIII, p. 392B) nesse diálogo com os tempos possíveis, no tempo:

> Em rio não se pode entrar duas vezes no mesmo (...) nem substância mortal tocar duas vezes na mesma condição; mas pela intensidade e rapidez da mudança dispersa e de novo reúne, ou melhor, nem mesmo de novo nem depois, mas ao mesmo tempo compõe-se e desiste, aproxima-se e afasta-se.

Vamos, no tempo construir as possibilidades de pensar.

Nas várias polifonias do tempo, vamos construir falas possíveis e impossíveis, vamos pensar a identidade a partir da mesmidade, *da mediação no seio da identidade* e deixar cair o pensamento como única possibilidade de aprender-pensar-ser no tempo, pois de tempo e pensamento estabelecem-se as verdadeiras relações, liberando-nos para o acontecimento, o acaso...

Tal liberação é que produz a recriação não planejada da história. Daí brota todo o vigor de homens e mulheres que povoam a terra e se mobilizam nos lugares, nos espaços de horizontalidades e moções.

Contra o tempo despótico e vertical dos espaços das globalizações inúmeras que se irradiam diferentemente e repetidamente em cada lugar, Milton Santos (2000) anuncia que são nos espaços horizontais que as massas produzem "as linguagens com as quais elas afrontam o mundo". Afirma a criação territorial de novas coerências horizontais que aparecem como fundamentais. Trata-se, segundo afirma, de estimular essa criação em todos os domínios, pois só assim "o domínio lingüístico não ficará isolado (...) a música já nos oferece algumas respostas que pertencem mais ao domínio do espontâneo do que dos organizacionais".

Dialogismo e Construção do Sentido

Não digas tão exatamente teu nome. Para quê?

Ao fazê-lo, estarás apenas nomeando um outro.

E para que exprimir tão alto a tua opinião? Esquece-a. Qual era mesmo?

Não te lembres de uma coisa por mais tempo do que ela própria dura.

BRECHT, BERTOLD: *Um homem é um homem*

A importância do discurso, como comunicação verbal, exterioriza e faz existir o sujeito individual e/ou coletivo. Assim é que a aparição do discurso nomeativo na mídia a respeito dos grupos, comunidades, indivíduos permitirá uma existência pública e reconhecida do Outro, enquanto Outro possível de reconhecimento no Mesmo.

A visibilidade do singular no discurso da mídia, enquanto igualmente possível, faz emergir um diálogo no sentido bakhtiniano. Buscamos um diálogo com o texto de Patrick Dahlet (apud Braït, 1997, p. 59-89[6]), trazendo algumas ponderações sobre as várias formas de se estabelecerem o sentido dialógico e suas complexas acepções e a importância dos enunciados coletivos como processo de inclusão e visibilidade, considerando a sociedade da imagem. O breve diálogo

[6] BRAÏT, Beth (org.). *Dialogização enunciativa do sujeito*. Campinas: Unicamp,1997, p. 59-89.

como Bakhtin tem por objetivo ressaltar que o papel da palavra hoje, numa perspectiva em que predomina a imagem (cada vez mais digital), ainda se encontra presente como indicador de consistência discursiva política. A palavra é o lugar do poder, ela é, sobretudo, um índice de ação política no âmbito das novas sociabilidades.

Vale ressaltar, e antes que se tome o texto como definitivo, que se trata de uma possibilidade, à guisa de se criar um estrato para fazer então emergir um grupo de conceitos sobre as tipologias comunicacionais/educativas, que emergem como novas linguagens dos grupos, comunidades e indivíduos, pois que, presumimos, é na enunciação que tais experiências se articulam e adquirem produção significativa.

Coloca-se a possibilidade de incluir o tema dialógico enquanto processo de afirmação enunciativa dos novos devires éticos e estéticos, portanto, políticos. Por essas passagens e conexões transitam as questões mais contemporâneas da inter-relação comunicação/educação. Por aí passam as experiências que inovam e repercutem nos estratos das sociedades impregnadas pelas tecnologias comunicacionais.

> O diálogo, no sentido estrito do termo, não constitui, é claro, senão uma das formas, é verdade que das mais importantes, da interação verbal. Mas pode-se compreender a palavra "diálogo" num sentido amplo, isto é, não apenas como a comunicação em voz alta, de pessoas colocadas face a face, mas toda comunicação verbal, de qualquer tipo que seja (Bakhtin, 1992, p.123).

Para Bakhtin, a organização de toda enunciação, de toda a expressão, não é interior, mas exterior: está situada no meio social que envolve o indivíduo (...) "a enunciação enquanto tal é um puro produto da interação social..." (1992, p. 124).

Nessa perspectiva faz-se necessária a legitimação das subjetividades históricas, e, conseqüentemente, das subjetividades sociais no fundamento da construção do discurso, isto é, o mecanismo desse processo está na apropriação da enunciação do outro.

Portanto, é da polifonia do modo de composição do discurso – através do discurso indireto livre – que se vai reconstruir a subjetividade, o que acolhe de imediato o *problema da compreensão* como forma de diálogo. É nessa travessia que está a palavra.

Ao indiciar uma fala na língua – ou seja, *a própria língua é autora do sentido* – o enunciado é apropriado pelo meio, ou seja, pela mídia, podendo estabelecer uma discriminação entre subjetivações pensantes e subjetivações falantes.

A dissociação das instâncias de tais subjetivações é o momento em que se desvela a relação entre signo lingüístico e formas de pensamento, como assinala Barbero:

> (...) Um uso da linguagem que se situa no extremo oposto ao da informação: joga-se com as palavras, os significados são deslocados, produz-se uma desordem verbal mediante a qual busca-se desconcentrar o outro. É a revanche contra a ordem do mundo que os exclui e os humilha e contra a qual as pessoas do povo se confrontam, desorganizando o tecido simbólico que articula essa ordem. Desarticulação, confusão, falar depressa, falar mal: é a transformação da carência em argúcia, e da situação na oportunidade aproveitada para impor-se ou para parodiar a retórica daqueles que, de fato, falam bem (Barbero, 1997 - pág. 320).

A interação verbal é relação social. A enunciação vai determinar as formas e as dimensões, de acordo com o auditório. E é nessa ruptura sobre as não-categorias presentes/ausentes na reflexão sobre a noção das subjetividades que se situa a comunicação verbal: *A interação verbal começa quando se abre entre os homens um espaço que a enunciação deve precisamente objetivar (...).*

A radicalidade da enunciação encontra-se na palavra. Mas a palavra caracteriza-se em graus variáveis pela alteridade ou assimilação. A palavra está repleta de enunciados de outrem.

Essas questões inquietantes por onde transitam as subjetividades estão na abertura da significação *de uma atividade enunciativa*, capaz de legitimar a construção de um sentido, entendido na mediação possível entre indivíduos, grupos, singularidades e multiplicidades.

Nessa medida, a significação propõe a retomada do tema da enunciação, a significação como instrumento, aparato técnico, como quer Bakhtin; ou *a multiplicidade das significações é o índice que faz de uma palavra uma palavra.* E é no limite da palavra – enquanto traço de união entre interlocutores – que gostaríamos de instaurar uma posição, isto é, a palavra enquanto signo: *A realidade toda da palavra é absorvida por sua função de signo.* Ora, se cada signo <u>reflete e refrata a realidade</u>, conseqüentemente, a palavra enquanto signo também <u>reflete e refrata a realidade</u>, sendo, portanto, a palavra, a estrutura primeira do fenômeno ideológico.

A esse propósito, Octávio Paz diz da palavra, na fala da linguagem: *Pois o homem é inseparável das palavras. Sem elas ele é inapreensível. O homem é um ser de palavras* (In: *O arco e a lira*, 1986).

O texto de Paz é trazido porque tematiza poeticamente o que Dahlet instiga nas interlocuções polifônicas sobre o posicionamento das subjetividades e singularidades como enunciação do discurso:

> Quando se diz que um poeta procura sua linguagem, não se quer dizer que ande por bibliotecas ou mercados recolhendo termos antigos e novos, mas sim que, indeciso, vacila entre as palavras que realmente lhe pertencem, que estão nele desde o início, e as outras aprendidas nos livros ou na rua. Quando um poeta encontra sua palavra, reconhece-a: já estava nele. E ele já estava nela. A palavra do poeta se confunde com ele próprio. Ele é a sua palavra (apud Braït, 1997, p. 59-89).

O enunciado-palavra é o *lugar de fala, a voz das minorias*. Deleuze e Guattari criam o conceito de "devir minoritário" como lugar de transformação. Minoria não é um sujeito coletivo idêntico a si mesmo e numericamente definido, mas um *fluxo transformador* que atravessa um grupo e busca uma subjetividade singular. Um lugar de mudança e passagem, como o autor de uma obra é um "lugar" móvel de linguagem (Muniz Sodré, Intercom, 2001).

O *lugar* é espaço ocupado por corpo e/ou objeto, em termos topográficos. O *lugar da ação humana* é caracterizado por *território*, um espaço alterado pela subjetividade. Não é mais topográfica, mas topológica – a lógica das articulações do lugar. Um campo de fluxos que aglutina diferenças e dissemina identificações. Lugar "minoritário" são topos, pontos de turbulências, lutas.

Representações Sociais da Educação e da Cultura – Múltiplas Formas de Ler o Mundo

A questão do multiculturalismo aqui é colocada como um argumento para o reconhecimento público da diversidade cultural de diferentes grupos no mundo contemporâneo, não se tratando de uma naturalização ou essencialidade de tais grupos, mas de um embate construído historicamente sobre a questão da diferença, como anteriormente posto.

Multiculturalismo então seria uma formação discursiva, tomando de empréstimo o termo fundado por Foucault[7] ; portanto, não é apenas uma posição integral, está permanentemente gerando novos discursos, novos argumentos, novas certezas e desafios. O pressuposto que se coloca é de que as singularidades é que são reclamadas e não as identidades em termos especializados, pois nesse sentido estaria

[7] Foucault, Michel. O conceito tornou-se clássico na obra *Arqueologia do Saber* e foi retomado em *Microfísica do Poder*. V. Bibliografia.

contradizendo a argumentação das hibridizações e multiplicidades características das culturalidades contemporâneas. Canclini (1995) discute o tema, formulando sobre a debilidade de sustentar, hoje em dia, os argumentos fundamentalistas:

> A globalização diminui a importância dos acontecimentos fundadores e dos territórios que sustentavam a ilusão de identidades – históricas e ensimesmadas. Os referentes de identidade se formam, agora, mais do que nas artes, na literatura e no folclore – que durante séculos produziram os signos de distinção das nações – em relação com os repertórios textuais e iconográficos gerados pelos meios eletrônicos de comunicação e com a globalização da vida urbana[8].

O entendimento das práticas de intervenção social da educomunicação pressupõe abrigar o espaço das complexidades imanentes, das atualizações, que vão construindo e tecendo redes inter-relacionais, adquirindo movimento. Barbero (2000) considera que as redes de inter-relações devem ser políticas, quando fala sobre a pluralidade das culturas em sua atual característica narrativa. As tecnologias das comunicações virtuais estão baseadas na legitimação enunciativa dos mídias:

> (...) Para que la pluraidad de las culturas del mundo sea políticamente tenida encuenta es indispensable que la diversidad de sus identidades nos pueda ser contada, narrada. La relación de la narración com la identidad nos es sólo expresiva sino constitutiva: no ay identidade cultural que no sea contada. Contada en cada uno de sus *idiomas y* ao mismo tiempo en el *lenguaje intermedial* que oy los atraviesa mediante un doble movimiento: el de las *traducciones* – de lo oral a lo escrito, a lo audio visual, al hipertexto – e esso outro a un más ambiguo perlo igualmente construtivo que es el de las apropiaciones y los mestizajes, el de las *hibridaciones*[9] (grifos do autor).

---

[8] CANCLINI, Nestor Garcia. *Consumidores e Cidadãos. Conflitos Multiculturais da Globalização.* RJ, Editora UFRJ, 1995, p. 124.

[9] BARBERO, Jesús-Martín. Texto da palestra proferida pelo autor, no evento ARTELATINA, intitulada *Dislocaciones de Tiempo y Nuevas Topografías de La Memoria.* Rio de Janeiro, novembro de 2000. O texto consta da publicação do evento referido na bibliografia, p. 151.

Sobre *idiomas* e *hibridações* sabemos que hoje expressam o que outrora denominava-se fundamentalmente cultural nacional.

Aproximando as abordagens desses autores, seus olhares retratam algo em movimento, suas vozes narram um multiculturalismo que se põe como argumento, portanto enunciado, também diálogo, freqüentemente inspirado num embate, numa disputa de e para uma singularidade integral.

Huyssen[10] lembra ainda o papel da memória, enquanto substrato de culturas, aqui expressas também com narrativas e enunciados criativos que fogem da historiografia teleológica e magistral. Ligadas às questões de política e aos processos de fortalecimento da sociedade civil, expandem o debate público, curando o passado, alimentando as promessas futuras, para ele, "garantindo um tempo de qualidade", necessidades culturais ainda não alcançadas no espectro da globalização. Sua perspectiva concorre para fazer saber que "as memórias locais estão intimamente ligadas às suas articulações". Articulações essas que são imanentes e comunicativas.

A narrativa das singularidades é um pressuposto da Educomunicação.

Sobre Cultura no Contemporâneo

Existe atualmente, na prática, um pensamento convergente a respeito dos sentidos sociológico e antropológico de cultura como sendo "modo de vida global", embora distintos, dentro do qual pode-se identificar um "sistema de significações" essencial e definido, substancialmente envolvido em todas as formas de atividade social.

[10] Huyssen afirma que a historiografia enquanto narrativa de cultural nacional tornou-se cética, hoje busca escrever as histórias de um modo novo relacionado às democracias, às lutas das minorias, etc. In *Seduzidos pela Memória*. Rio de Janeiro: Aeroplano, 2000.

Para analisar a trajetória do presente estudo, propõe-se a utilização do aporte feito por Canclini (1997), representado no conceito de *culturas híbridas*. O autor transita na modernidade e na pós-modernidade tentando estabelecer os alicerces que sustentam a problematização dos vínculos entre o mundo moderno e as tradições. Nesse sentido, busca discutir e conceituar historicamente os termos *culto*, *popular* e *massivo*, desenhando o cenário das culturas híbridas como sendo típicas do mundo contemporâneo. Assim é que os estratos relativos à história da arte, à literatura e ao conhecimento científico detinham os espaços e as temporalidades que identificavam repertórios de conteúdos que deveríamos dominar para sermos *cultos* no mundo moderno. Por outro lado, a antropologia e o folclore, assim como os populismos políticos, ao reivindicar o saber e as práticas tradicionais, construíram o universo do *popular*.

As indústrias culturais geraram um terceiro sistema de mensagens *massivas*, do qual se ocuparam novos especialistas: comunicólogos e semiólogos. Hoje as tecnologias da comunicação/informação criam redes semióticas plurais e multiculturais.

Ao adotar as terminologias – culto/massivo – Canclini (op. cit.) constrói um movimento de atualização das categorias da Escola de Frankfurt, retirando-lhe a perspectiva dicotômica, ou, como diria Umberto Eco (1979), *apocalíptica*.

Tal atualização adquire um movimento mais dinâmico, mediante o qual, nas sociedades pós-modernas, a cultura industrial massiva fornece para os seus habitantes uma base de desorganização-organização das experiências temporais, mais compatível com as desestruturações que supõem a migração, a relação fragmentada e heteróclita com o social.

Por outro lado, as culturas populares tradicionais e a cultura de elite mantêm-se comprometidas com a concepção moderna da temporalidade, cuja perspectiva pressupõe práticas transformadoras e incessantemente enriquecedoras da cultura.

Canclini traz a questão do entendimento de fronteiras culturais no sentido amplo, utilizando-se de terminologia própria, como é o caso do *entrecruzamento*, a saber:

> (...) Quando se trata de entender os entrecruzamentos nas fronteiras entre países, nas redes fluidas que intercomunicam os povos, etnias e classes, então o popular e o culto, o nacional e o estrangeiro aparecem não como entidades mas como cenários.

No fundo, o estudo da comunicação e da educação enquanto problemática vai passar por uma nova configuração das dimensões da legitimação da multiplicidade dos discursos e de novas formas de conhecimento, assim como do entendimento de que os nossos sentidos – e, portanto, a nossa visão de mundo – passam por um redimensionamento. O próprio McLuhan (1964) asseverava que não era possível entender o mundo dos meios de comunicação sob o olhar do "espelho retrovisor".

Comunidade e Virtualidade Possibilidades de Inclusão/Reconhecimento no Contemporâneo

O outro é que me dá a possibilidade de não repetir-me ao infinito.

Baudrillard (1990)

Este texto busca introduzir o sentido de comunidade no contexto do mundo globalizado e permeado pelas novas tecnologias virtuais. É a tentativa de dar início a uma reflexão sobre esta questão, numa perspectiva contemporânea.

No âmbito do estudo proposto, tal discussão visa fundamentar o contexto em que se dão tais experiências, admitindo-se que é na comunidade onde se realizam as vivências mais concretas do sujeito coletivo, pois é ainda nesse território que acontece a sua existência.

A questão da cultura ocidental enquanto fundadora da racionalidade dominante elimina a possibilidade de reconhecimento do Outro como ser diferente e singular. Na sua ontologia lógica predomina a Razão – o Espírito Absoluto – como campo identitário de unificação, o lugar onde se harmonizam as diferenças entre os seres. Assim é que assepsia e brancura tornam-se paradigmas de humanidade plena, o objeto, sua suprema alteridade, o mito indecifrável.

O Outro só encontra espaço de existência enquanto o Mesmo, possível de ser pensado unicamente pelo formato das categorias lógico-racionais do pensamento ocidental, como enfatiza Muniz Sodré, e conforme já nos referimos.

Por outro lado, a intensificação da circularidade informacional gerada pelo processo veloz de globalização, imbricado nas novas tecnologias comunicacionais, engendra maior autonomia nos indivíduos, fazendo com que possam vir a participar de inúmeros grupos, criando assim afinidades múltiplas e concomitantes, baseadas nas experiências *interativas* dos simulacros telemáticos.

Tal intensificação vem ocorrendo de formas diversas, instalando um processo heteróclito de desmemória; assim, os indivíduos vão percebendo-se como integrantes de comunidades culturais, arquetipicamente dadas como formas instaladas no imaginário social, mas pertencentes a tempos históricos distintos.

O deslocamento do tempo e do espaço estimula o poder narcísico do sujeito, provocando o sentido de desenraizamento, e o conseqüente individualismo. A Aldeia Global de McLuhan (1964) hoje apresenta-se como "espaço dialógico" onde as nações e os outros agentes – representantes, na maioria das vezes, do capital financeiro internacional – estão aprisionados a complexas redes de interdependência e correlação de poder. Esta idéia, de acordo com Mike Featherstone (apud. Paiva, 1998[11]), está no centro da questão do processo de globalização e suas resultantes psicossociais na atualidade. Para ele, contrapondo-se à crescente complexidade cultural do momento, surge o fenômeno dos "localismos" como resposta para abrandar as incertezas, a ansiedade e o desejo de pertencer ou de permanecer em um *local próprio*.

[11] Paiva, Raquel. *O espírito comum: comunidade, mídia e globalização.* Petrópolis: Vozes, 1998.

Para Raquel Paiva (1998), *os processos de globalização e localização são indissociáveis*, assim defendendo a pertinência e viabilidade em se falar e adotar o modelo comunitário como alternativa de resposta à fragmentação social e à crise institucional, capitaneada pelo declínio do Estado do Bem-Estar Social. Admitimos que essa questão pressupõe algumas reflexões ora adjacentes, porém muitas das vezes fulcrais, de modo primordial em se tratando da realidade histórica brasileira.

A nossa matriz patrimonialista portuguesa, na afirmativa de Muniz Sodré, caracteriza-se pelo favorecimento de uma formação social cuja *ética, leis e religião instituem uma 'maneira' político-social em que a circulação de riqueza obedece a critérios familiares, clânicos ou grupais.*

A este respeito, Richard Rorty (1996a) prenunciava em 1996, durante a Conferência do Rio (Unesco), que a perda de fé nos cenários marxistas e não-marxistas na suposta culminância de uma utopia igualitária é muito mais importante para nosso entendimento e verdadeira compreensão da globalização do que os vários movimentos sociais agrupados sob o título de "identidades políticas" ou qualquer outra filosofia de desenvolvimento específico.

Mesmo considerando a linha do pragmatismo americano seguida por Rorty, parece-nos irrefutável a sua assertiva de que o fato central da globalização é que a situação econômica dos cidadãos de um Estado-Nação tem passado ao largo do controle das leis desse Estado. Assim se constituiu uma *superclasse global,* a qual efetua todas as grandes decisões econômicas, e o faz de forma inteiramente independente das legislações e *a fortiori* dos desejos dos eleitores, de qualquer país real.

Em contraponto a essa visão macrossistêmica, há, porém, uma sutileza que merece ser resgatada no posicionamento de Rorty, de especial interesse sobre o tema da comunidade. Trata-se de sua crença excessiva, fundada na filosofia pragmática de Dewe[12], ao negar que qualquer coisa possua uma natureza intrínseca, independente de nossa escolha de descrição, ou de linguagem.

Vale dizer que, tanto para Dewey quanto para Rorty, há uma instância em que nada – nem o desejo de Deus, nem mesmo a Natureza Intrínseca da Realidade, nem a Lei Moral – pode ter precedência sobre o resultado de um *acordo livre* alcançado pelos membros de uma comunidade democrática.

A sutileza desse pensamento, para merecer uma abordagem mais complexa, deve passar pela leitura que Muniz Sodré realiza sobre a Ética de Spinoza. Aqui, o sentido de *éthos* ganha estatuto de modo de existir, requerendo que tal *acordo* seja efetivado principalmente por uma *disposição interna articulada como forma de vida*. A esta articulação, Muniz Sodré denomina de uma *forma de afeto*:

> Como forma, o afeto é, ao mesmo tempo, interior e exterior, pulsão e fenômeno, o que implica levar em conta tanto ânimo quanto corpo em seus modos particulares de instalação e deslocamento no espaço (1999).

Este fenômeno passa necessariamente pela percepção que leva ao sentido de *pertencimento*, e ganha estatuto de existência. Na concepção descrita por Carneiro Leão, *a existência remete para a tensão da transcendência na condição de ser percebido (...) no ser percebido se dá a existência.*

Portanto, se por um lado a desterritorialização causada pela velocidade contínua de mudanças de escala e padrões tecnológicos nos remete a uma soltura existencial, por outro lado, será na condição de

[12] O texto que estabeleceu os primeiros fundamentos do pensamento educacional renovador de DEWEY, situando a nova pedagogia pragmática no contexto de uma sociedade regida pelos ideais democráticos, data de 1916, publicado no Brasil em 1959. DEWEY, John. *Democracia e Educação*. Trad. de Godofredo Rangel e Anísio Teixeira. São Paulo: Nacional, 1959.

ser percebido pelo outro que o indivíduo transnacional e customizado pelo mercado, adquire, *malgré tout*, a sua existência no pertencimento fragmentário das emergentes comunidades culturais.

Samuel Huntington (1996) levanta a hipótese de que no chamado "novo mundo" nem a economia nem a ideologia se constituem causas fundadoras ou geradoras dos inúmeros e incessantes conflitos internacionais, mas reside na cultura hegemônica, nos ditames paradigmáticos de um *dever ser* – impondo padrões éticos e estéticos – o fator primordial de tais conflitos. Se essa dominância é continuadamente reiterada e reforçada pela mídia, em níveis absolutos, concretizada pela produção e reprodução do modelo econômico capitalista transnacional, também hegemônico, em seu complexo estágio de globalização financeira do mercado internacional, os interstícios escapatórios da existência encontram-se nas *possibilidades* que os sujeitos individuais e coletivos vão construindo e reconstruindo ao longo de sua existência, conforme exalta Raquel Paiva (1999): *Os sujeitos individuais e coletivos podem escapar aos ditames do poder, às pressões da alienação, graças ao impulso dado pela experiência da pluralidade múltipla. A comunidade é esse sujeito coletivo.*

Vivemos o virtual na medida mesma da sua metáfora, vivemos aquilo que *parece ser*, pois é da ordem do *dever ser*. Acostumamo-nos às imagens do mesmo modo que à falta do presente e à aceleração do futuro. A desmemória é mais que um sintoma da nossa era. Trata-se de um dos mecanismos de funcionamento da realidade virtual.

Na forma e na essência, o virtual é um artifício narrativo que hoje passou a ter um suporte tecnológico, cada vez mais sofisticado e potente, em contínua e permanente transformação. Daí sua autonomia como hiperrealidade, ou como realidades múltiplas.

É justamente nesse ritmo frenético, como destaca de maneira efetiva Muniz Sodré, que passamos a imaginar e a viver virtualmente a experiência do convívio:

> (...) estamos sempre imaginando poder viver diversas experiências no sentido de um convivialismo tolerante ou orgiástico – muitas vezes impulsionados pela "liberação" mercadológica das consciências, ao invés de buscarmos experimentar o sentimento de partilhar os territórios, enquanto lugares de encontro das singularidades (1999).

O sentido de comunidade ganha nova configuração quando utilizado como contraponto de um sistema altamente complexo como o da globalização econômica e tecnológica. Nesse contexto, falar em comunidade é resgatar a possibilidade de interlocução política de grupos excluídos e marginais, eliminados da cena política e personagens anônimos dos dramas sociais que encontram reverberação apenas no tom de espetáculo noticioso e falacioso da mídia.

As comunidades podem vir a ser alternativas de inserção política no esquema polifônico da grande mídia e, por isso mesmo, não devem ser pensadas como panacéias para resolver todos os problemas que outras formas sucedâneas, como o Estado, não foram historicamente capazes de incluir. Pensar assim seria reproduzir mais uma nova distorção.

As comunidades organizadas em torno de objetivos e interesses comuns podem, enquanto grupo de forças locais, vir a estabelecer, num contexto dialógico, discussões e colóquios em forma de agendas com os variados interlocutores sociais, visando o desenvolvimento pró-ativo de seus interesses comuns.

A respeito desta questão, Pietro Barcellona (1990) trata do problema no seu livro *Pós-modernidade e Comunidade*, no qual propõe o retorno da vinculação social, retomando o deslocamento das emoções e das paixões onde o tumulto não encontra mais palavras para expandir-se além daquelas mediante as quais o *capitalismo ocidental trata de impor a todo o planeta o código da forma da mercadoria e do dinheiro.*

Por esta *norma implícita* cabe refletir sobre as possibilidades de elaboração de políticas compostas de temas fundamentais e comuns para o conjunto de cidadãos, com base nas necessidades e interesses sentidos e comuns, como forma de argumentar contra os ditames supranacionais do globalismo, contra os superpoderes e os privilégios das *superclasses globais*.

Este contexto representa o que Ferdinand Tönnies (1979) classicamente conceituou como sociedade, em posição antitética à comunidade. Para Tönnies, a sociedade estrutura-se inspirada na racionalidade típica do iluminismo, funda-se no ideário do progresso humano geral, mas que historicamente redundou na atomização do indivíduo, resultante de uma formação social específica, a saber:

> Construção artificial de uma amálgama de seres humanos que, na superfície, assemelha-se à comunidade, onde os indivíduos convivem pacificamente. Entretanto, na comunidade permanecem unidos apesar dos fatores para separá-los, ao passo que na sociedade permanecem essencialmente separados de todos os fatores tendentes para a sua unificação. (...) cada um se mantém por si mesmo e de maneira ilhada, e até se dá uma certa tensão com os demais; (...) a sociedade se caracteriza por um estado de repouso, onde ninguém quer conceder nem produzir nada para o outro (Tönnies, op. cit.).

Tönnies argumenta que são o interesse comum e a vontade coletiva os fatores estruturantes de uma comunidade e, por isso mesmo, prevalecem sobre as questões individualizadas, preponderantes na sociedade. Esta clássica conceituação parece-nos também fortemente idealizada, como um tipo ideal weberiano, cuja formulação metodológica serve como referencial apenas para a construção de hipóteses com o objetivo de estabelecer analogias com a realidade. No entanto, a reflexão proposta por Barcellona (1990), fundada numa crítica ao universalismo jurídico, parece-nos mais próxima da complexidade que envolve o problema da comunidade na era virtual, plasmada no contexto histórico da chamada contemporaneidade.

Em princípio, Barcellona adverte que não se pode falar em comunidade sem tocar numa questão de fundo filosófico, qual seja a *alteridade*, e pergunta:

> É possível pensar realmente no "outro"? É possível assumi-lo como algo que não se deixe reduzir à pura negação da identidade do eu ou da transcendência do totalmente distinto? Vale dizer, é possível pensá-lo sem cair no impolítico, na renúncia à ação, ou na religiosidade que desloca o mais além dos limites deste mundo?

Para ele, esta é uma questão radical, expondo a ruptura da lógica da identidade do *uno que se converte em dois via neutralização das diferenças.* Tal radicalidade coloca em dúvida os princípios da própria metafísica: sua impossibilidade de leituras distintas e simultâneas da realidade e do mundo.

Ao afirmar que *a alteridade nos atravessa*, Barcellona resgata uma questão fundamental: a experiência pessoal e a auto-reflexão como suporte da relação. Segundo ele: *(...) a aproximação é a forma através da qual as diferenças das culturas e suas características, vão nos definir como o um e como o outro, na recíproca irredutibilidade da diferença.*

O outro ocidental se move na ordem da paixão. Paixão, entendida aqui no sentido narcísico, na perspectiva única de poder sentir o outro que se instala em mim, produto de mim mesmo, num movimento identitário pelo qual o eu se encontra no outro como um espelho de si mesmo.

O outro plural se move na ordem do amor. Amor enquanto potência, mas também enquanto poder de sentir em mim o espaço que cedi ao outro, como renúncia de mim para sentir o outro singular, experiência misteriosa de reconhecimento, de, enquanto plural, sentir-me a mim e ao outro concomitantemente em mim.

Só a mim cabe o estranhamento, o prazer indecifrável do vazio de não ser, pois cedi o meu lugar ao outro, como que me desprendendo, deixando-me cair; pela presença do outro, acabo por esquecer de mim, espiritualizando-me, abrindo-me inteiramente ao acaso, ao encontro, ao tudo e ao nada, ao ser e ao não-ser como possibilidades de mim no tempo.

Trata-se de intensificar a experiência ética do bem e do mal, de acordo com Agamben:

> (...) o bem não está em cima nem ao lado do mal, como o verdadeiro não está simetricamente oposto ao falso. Na ética, o bem e o mal, o verdadeiro e o falso manifestam-se no jogo de identidade-diferença. A *alétheia* que revela a verdade, no movimento da *physis*, é um movimento de apreensão do vigor da Natureza que se mostra e da que se oculta, não um descarte desta. Como na fita de Moebius. O bem é totalidade, unidade, e tem lugar; o mal é, não tem lugar (Agamben, 1993).

Educomunicação, Mídia e Saber

O surgimento de novos campos de conhecimento, como espaços de legitimação do saber, engendra-se a partir, sobretudo, da afirmação da Ciência enquanto discurso hegemônico, principalmente durante o século XIX. Mas é no século XX que se consolida este fenômeno histórico, passando a predominar na cena política, econômica e social. Assim, cabe à ciência a última palavra sobre a verdade. Michel Foucault (1989:30) considera este fenômeno como estruturador de uma nova forma de dominação, identificando-a com a supremacia da linguagem científica como discurso de poder, quando funda uma temporalidade própria, baseada, segundo ele, na teoria da história enquanto descontinuidade:

> De fato, o que se verifica a partir desse momento, não são simplesmente descobertas da ciência, mas trata-se da instauração de um novo regime discursivo, na ordem do saber, onde as mudanças repentinas, as precipitações e transformações velozes estão, sim, relacionadas com as novas tecnologias da informação, imprimindo a esse tempo o traçado definitivo da determinação tecnológica, sob o império da ordem econômica global.

Nesse contexto de um Admirável Mundo Novo, como o chamou Aldous Huxley, ou nessa Aldeia Global já denominada por McLuhan (op. cit.), configuram-se questões bem mais complexas sobre aquilo que predomina na ordem das aparências, e que poderiam levar a uma análise generalista da questão. Alguns autores, como o francês Pierre

Lévy (1993), apóiam-se na convicção de que o conflito homem-máquina estaria prestes a ser resolvido, mediante as próprias invenções tecnológicas e seu poder de engendrar e reconduzir o indivíduo, numa nova trama democrática, através da interatividade e da descentralização do poder, via Redes e/ou as NTC – Novas Tecnologias da Comunicação. Tampouco parece exaurir a questão uma visão pessimista representada pelos apocalípticos mais fantásticos (e não fanáticos) prevendo no ano de 2020 uma cidade de Los Angeles arrasada, como se viu no filme *Caçadores de Andróides*, de Riddley Scott, nos idos dos anos 80. Não estamos, muito menos aqui, resgatando a vitória sombria de George Orwell, do seu clássico *1984*, com o personagem Big Brother a dirigir uma horda de autômatos, quase humanos, existindo e reproduzindo-se para um superEstado invisível, autoritário e global.

Trata-se, portanto, de dizer e de trazer a problemática da *representação como inclusão* e norma do *regime de exclusão.*

Estamos querendo esboçar algumas questões a respeito do regime que organiza tais mudanças, dos perfis e modelos representacionais que se interpenetram e vão produzindo realidades em forma de discurso, instalando novas ordens de saber e de dizer o saber, ou seja, as mudanças advindas do processo veloz de determinação tecnológica em nossas vidas e que vão produzindo novos enunciados, como bem ressalta Foucault (1989:4):

> (....) Mas o importante em tais mudanças não é se serão rápidas ou de grande amplitude, são apenas o sinal de outras coisas: uma modificação nas regras de formação dos enunciados que são aceitos como cientificamente verdadeiros. Não é portanto uma mudança de conteúdo (refutação de erros antigos, nascimento de novas verdades), nem tampouco uma alteração da forma teórica (renovação de paradigma, modificação dos conjuntos sistemáticos). O que está em questão é o que rege os enunciados e as formas como estes se regem

entre si para constituir um conjunto de proposições aceitáveis cientificamente e, conseqüentemente, suscetíveis de serem verificadas ou infirmadas por procedimentos científicos. Em suma, o problema do regime, de política do enunciado científico.

A questão a ser aqui refletida não se instala na exterioridade como algo alheio ao processo de poder. O discurso da ciência inaugura um regime polifônico de saberes competentes e, por esta razão, importa conhecer os reflexos dessa circularidade discursiva, que inaugura uma nova hegemonia em forma de legitimação dos enunciados científicos. Vale dizer, o político encontra-se disseminado no regime interior de poder da ciência e da tecnologia e, em certos momentos, se modifica de forma rápida e global.

A nova ordem sociocultural, portanto, pressupõe não apenas um entendimento do imbricado e veloz processo de configurações de saberes variados e distintos, mas trata-se de compreender e diferenciar *as redes e os níveis a que pertencem e reconstituir os fios que ligam e que fazem com que engendrem, uns a partir dos outros,* como indica Foucault (1989:5).

O que muda, em verdade, com a crise do sujeito individual diante da velocidade que impera nas redes de poder na construção do conhecimento são as formas de comunicação de e para a educação. Chega ao fim o antigo sistema educacional erigido pela modernidade, cujo símbolo tópico é a universidade, tendo como objetivo a formação de um sujeito coletivo capaz de atender às demandas do processo de industrialização, estruturando-se nas bases do fordismo, do treinamento de habilidades técnicas e profissionais, de modelos seriados e adaptáveis à máquina, enfim, preparando o indivíduo para o mundo do trabalho.

A nova forma de cognição e o hiperestímulo à comunicação dos sentidos inscreve-se no âmbito da estética, mas também da ética. A essa forma nova, híbrida, atribui-se o sentido de estésico (*de estesia ou estese, enquanto controle da vida sensível, das superfícies sensoriais do corpo, do direcionamento adequado do olhar*).

As novas tecnologias da Comunicação desestabilizam os regimes representativos da Modernidade, fragmentando os significados de *uno* e *universal*, enquanto totalidades absolutas, na ordem de um único SER (racional e ocidental), e disseminam em redes as multiplicidades do saber.

O sistema de pensamento binário dedutivo e causal se exaure, assim como perde consistência a dialética das contradições como elemento motor de uma síntese humanística.

O contemporâneo caracteriza-se pela globalização dos processos produtivos, materiais e imateriais, pela compressão espaço-temporal e pelas multiplicidades circulantes nas redes midiáticas e informacionais, desterritorializadas.

A comunicação entra em crise na medida de sua explosão polifônica, de sua reticularidade absoluta no âmbito do território, do espaço público, perpassando todos os espaços sociais, vindo a se constituir num campo relativamente autônomo, da mediação da vida social, como explica Adriano Duarte Rodrigues (1997:16):

> A problemática comunicacional consiste, por conseguinte, na substituição da razão dialética linear e do seu paradigma aléctico por uma espécie de dispositivo tabular de natureza figural ou textual. É pois uma problemática topológica que faz intervir níveis de verdade, de concretude e de abstração. Pertence a uma filosofia do aleatório e das singularidades complexas.

Por este poder instaurador, vindo da tradição clássica grega, onde o espaço foi controlado pela geometria e a vida extraordinária pela ordem nomeativa e organizadora da linguagem, a comunicação hoje é também instauradora da ordem do tempo, quando adquire estatuto de legitimar, a qualquer tempo e a qualquer hora, todos os restantes campos sociais, inclusive o campo educacional.

Seu mecanismo é estruturador de um novo *éthos*, modo de vida e de habitação no tempo. Regida pela velocidade como determinância de poder e pelas novas configurações do espaço virtual, a comunicação assume papel estratégico na definição e composição dos diferentes interesses e objetivos sociais. O campo dos *media*[13] deve ser entendido enquanto o campo de expressão e pragmática que recebe legitimação delegada dos restantes campos da sociedade, estruturados e funcionando de acordo com os princípios e objetivos compostos pelos interesses dos diversos campos.

Para que esse funcionamento se equilibre, essa composição deve perseguir modalidades de cooperação para reforçar a delegação da legitimidade, buscando nas modalidades de conflitos a exacerbação dos antagonismos das divergências.

Diferentemente do que se tem como *mass media*, enquanto conjunto dos meios de comunicação social, o desenvolvimento do *campo dos media* adquire estatuto de *instituição de mediação*, como afirma Rodrigues (1997), funcionando em regime acelerado; é a instituição que vem instalar a modernidade, cujas máximas disseminação, fluidez e reticularidade expandem-se no tecido social, vindo, no nosso entender, a formatar os novos e verdadeiros enunciados, que resgatamos anteriormente da compreensão de Foucault.

A supremacia do campo dos *media* não deve, porém, ser compreendida de maneira absoluta e total. O saber por ele enunciado carece da credibilidade reconhecida no discurso educacional, na qualidade de autoridade competente e detentora de um saber mais sistematizado e legitimado do ponto de vista institucional.

Por essa característica começa a se abrir a interdiscursividade de um novo campo de intervenção social permeado pela inter-relação

---

[13] Segundo Rodrigues Adriano Duarte, cf. 1997: 152.

comunicação/educação, mediante a qual na primeira predomina a excelência da forma, do poder estético, enquanto a segunda elege valores éticos, morais e políticos que buscam romper a lógica dos discursos hegemônicos, fundados na racionalidade econômica e de mercado. Aí, a linguagem simbólica remete a uma ilusão vivencial aceita enquanto consciência do sujeito; a narrativa se prolonga indefinidamente, numa espécie de mestiçagem representacional entre o real e o imaginário, devolvendo ao sujeito a ilusão em forma de alucinação.

A inspiração nitidamente crítica dessas reflexões tem como objetivo marcar uma posição de pensamento diante da dinâmica social complexa na tecitura de novas redes de relações, onde a centralidade e a unidade já não determinam os processos.

A Inter-relação Comunicação/Educação – Da Emergência a uma Mediação Possível

(...) falar em informação implica estudar as profundas razões que trabalham a representação simbólica, como é o caso dos meios de comunicação e o sistema de educação. Soares (1989).

O paradigma da educação no seu estatuto de mobilização, divulgação e sistematização de conhecimento implica acolher o espaço interdiscursivo e mediático da comunicação como produção e veiculação da cultura, fundando um novo *locus:* o da inter-relação comunicação/educação.

O desenvolvimento tecnológico, mais especificamente o avanço dos meios de comunicação, desenvolveu um campo novo de convergência de saberes, em que o percurso da educação para a comunicação, ou da comunicação para a educação, passou a ser um campo que perpassa as diversidades aparentes.

A inter-relação comunicação/educação ganhou densidade própria e se afirma como um campo de intervenção social específico. Esta é a conclusão a que chegou o grupo de pesquisadores coordenado pelo professor Ismar de Oliveira Soares, do NCE – Núcleo de Comunicação e Educação da ECA/USP, em pesquisa realizada entre 1997/98, atualizada em 2000, conforme mencionado no início deste livro[14].

---

[14] SOARES explicita essa questão mediante análise da Pesquisa "A inter-relação comunicação/educação: a emergência de um novo campo e o perfil dos seus profissionais". Revista Contato, jan./março, Ano I, nº 2, 1999.

Do lado da educação, como uma referência básica, este processo tem sua genealogia em educadores e pensadores como Paulo Freire (1981). Sua filosofia assenta-se em princípios éticos bem explícitos:

> Desafiar os educandos com relação ao que lhe parece o seu acerto é um dever da educadora ou do educador progressista. Que educador seria eu se não me sentisse movido por forte impulso que me faz buscar, sem mentir, argumentos convincentes na defesa dos sonhos por que luto? Na defesa da razão de ser da esperança com que atuo como educador? ... O que é ilícito fazer é esconder verdades, negar informações, impor princípios, castrar a liberdade do educando ou puni-lo... porque não aceite... meu discurso. Porque recuse a minha utopia.

Do lado da comunicação, Walter Benjamin (1940) é o filósofo mais referido mundialmente, pois, ao buscar a perspectiva compreensiva, acolhe todas as experiências originárias e distingue os novos aspectos das coisas; libertando-se das aparências, faz com que o conhecimento individual seja o mais universal:

> Em grandes épocas históricas altera-se, com a forma de existência coletiva da humanidade, o modo de sua percepção sensorial. O modo em que a percepção sensorial do homem se organiza – o médium em que ocorre – é condicionado não só naturalmente, como também historicamente.

Tomando como parâmetro as questões aqui colocadas, percebe-se que segmentar e compartimentalizar a perspectiva do saber humano, enclausurando-o em disciplinas proibidas de comunicarem-se, não demonstrou ser uma perspectiva eficaz, fazendo roer e tombar o projeto iluminista da Universidade.

A mediação é a perspectiva possível de interpretar e retroalimentar esse processo crônico de segmentação do indivíduo, de redução de suas possibilidade enquanto homem político, na realidade contemporânea dominada pelos mass media. Jesús Martín-Barbero[15] sistematiza essa questão relatando inúmeras experiências encontradas na América Latina como mediações dos organismos sociais e das comunidades diante dos estímulos do campo dos media.

Quando emerge a questão da inter-relação comunicação/educação, tem-se pouco visível um campo de intervenção social por conta da característica mesma de inter-relacionalidade. As ações daqueles que atuam nesse campo são permeadas por uma tentativa de suprir um espaço de dialogicidade e buscam integrar os vários compartimentos do discurso educativo do saber, numa perspectiva de juntar aquilo que foi separado ao longo da história. A questão reside em integrar ao indivíduo o único espaço possível para o resgate e a realização da sua dignidade.

As motivações que levam profissionais do mundo inteiro a trabalhar na junção comunicação/educação são permeadas pelas utopias sociais. Os *educomunicadores*[16], como passam a ser conhecidos, são indivíduos que acreditam na mediação da comunicação *com e para* a educação enquanto ação política de intervenção no social fragmentado e complexo da pós-modernidade, estruturado na lógica do poder econômico-financeiro internacional e do fenômeno da globalização.

Inspirando-se nesses sentidos, e buscando uma permanente reflexão da realidade, pode-se definir que a inter-relação comunicação/

---

[15] No livro *Dos Meios às Mediações*, Barbero estuda manifestações socioculturais na América Latina, buscando interpretar a realidade histórica sob a perspectiva da influência dos meios de comunicação e sua relação estreita com os governos militares, além de analisar as inúmeras mediações e complexidades decorrentes desse novo processo histórico.

[16] Palavra empregada por Mario Kaplun, na década de 80, baseado na filosofia educacional de Paulo Freire e ampliada através dos estudos e pesquisas realizadas no Brasil e América Latina pelo professor Ismar de Oliveira Soares e sua equipe de pesquisadores, NCE/ECA/USP, NCEC/Unifacs. Soares explicita essa questão mediante análise da Pesquisa "A inter-relação comunicação/educação: a emergência de um novo campo e o perfil dos seus profissionais". Revista Contato, jan./março, Ano I, nº 2 ,1999.

educação está constituindo um novo campo de intervenção social, denominado de Educomunicação.

Este campo caracteriza-se pelas atividades de intervenção política e social fundamentada na experiência e na formação crítica dos processos históricos, sempre voltadas para uma perspectiva de leitura crítica dos meios de comunicação, atuando no âmbito do ensino formal (cursos fundamental, médio, superior, formação de professores para o exercício de uma Pedagogia da Comunicação) e não-formal (organizações e instituições da sociedade civil), nas empresas, nos meios de comunicação (grandes meios, emissoras educativas e comunitárias de rádio e televisão), nos movimentos populares, nas organizações não-governamentais. Eles atuam junto a públicos diversos e específicos, de todas as faixas etárias e grupos sociais minoritários e/ou socialmente excluídos ou estigmatizados.

Em última instância, trata-se de uma ação política, voltada para o aporte de uma consciência ética e uma pragmática direcionada para as transformações da sociedade. O que sustenta a ação educomunicativa é uma releitura das utopias sociais impulsionadas pela motivação transformadora do *status quo*. Esta motivação mantém a visão de futuro, saindo da fragmentação hiperestimulada do mercado, esta entidade obscura e dominadora que ganha ênfase sempre que não são respondidas as ansiedades inclusivas do social.

A ação política se firma em dois grandes postulados: a formação de cidadãos críticos, participativos e inseridos no meio social (onde toda e qualquer discriminação e exclusão deve ser banida), e a concretização de utopias sociais, mais claramente postas no campo da ecologia, de uma educação de qualidade e de uma comunicação participativa e democrática.

A Educomunicação propõe a credulidade no ser humano, seu permanente embate e encontro com o outro. A alteridade é o substrato constitutivo da educomunicação, que visa relações sociais mais humanizadas, acredita na transformação do indivíduo e da sociedade, na descoberta de novos caminhos para a resolução colaborativa de problemas e, sobretudo, na criação inovadora de olhares diferenciados sobre o cotidiano.

A comunicação é fator prioritário para o processo educativo e a mediação dos dois campos deve ser compreendida enquanto construção de valores éticos e estéticos. Aprender é um processo também coletivo, respeitando-se as diferenças e valorizando a criação, produção e alimentação de projetos geradores de transformação social.

Retomar o processo educativo como espaço público privilegiado da atualidade é pensar politicamente, é interagir de forma multidisciplinar e multimediática, buscando nos diversos territórios a superação de dificuldades, o talento e o diferencial cultural das comunidades.

Nesse momento em que a crise já não configura um estado de mudança, pois é uma permanência, em que todos os parâmetros nos fazem crer em uma inelutável impotência do papel histórico da Universidade diante da dispersão, da complexidade dos problemas e da velocidade imposta pelas novas tecnologias, pergunta-se: como deslocar a imobilidade? Como falar e para quem falar?

Alguns desafios poderão ser pensados no âmbito de atuação e de intervenção social de cada um dos agentes e profissionais que trabalham e refletem sobre uma nova função da Universidade no contexto da mediação comunicação/educação. Pensamos no desafio de transformar a força destrutiva da dispersão em forma criativa de capilaridade, atuando, por exemplo, em projetos de intercâmbios via Internet[17].

---

[17] O projeto vem sendo levado junto à educação média e fundamental, unindo alunos de redes públicas e privadas, do ensino formal e não-formal, promovendo discussões de temas de interesses mútuos e agregadores. Este é o caso do *CAAP - Communication Across The American Program*, coordenado por vários professores no mundo inteiro.

Hoje, já são inúmeros os projetos liderados por educomunicadores de todo o mundo, atuando pró-ativamente em sistemas de rede e de teleimersão, lastreados na infra-estrutura da Internet II.

O desafio de colocar a complexidade não como forma racional definitiva que reúne a síntese de tudo o que não pode ser pensado, mas pensá-la como início, como estímulo à desconstrução voltada permanentemente para uma nova construção multirreferencial, como é o caso dos estudos culturais, ou das expressões artísticas.

Pensamos ainda num outro desafio, que é lidar com o sentido de poder que adquiriu a velocidade, inaugurando uma nova forma de lidar com o tempo e o espaço. A velocidade deve influir na capacidade de agir, de fazer, de experimentar novas formas de atuação, e não servir, uma vez mais, de elemento que paralisa as nossas possibilidades no tempo, pois o nosso tempo é agora, mas também é ontem e é amanhã.

Por último, mas não menos importante, colocamos a questão do virtual. Este nome fetiche do nosso tempo deve ser compreendido na sua genealogia, ou seja, em todas as suas existências possíveis no tempo. O virtual sempre existiu e quem melhor conclui sobre isto é o grande Jorge Luis Borges (1998) – sua literatura trafega por todos os tempos, seu mundo é essencialmente virtual, pois o mundo da literatura e de todas as demais artes é virtual, já que anuncia o tempo e o lugar da imaginação e do pensamento. Portanto, a importância que adquire o virtual baseia-se na mudança de suporte tecnológico; este, sem dúvida, poderá trazer novas formas de cognição. Uma pergunta a fazer.

Atuar dentro e fora dos muros, servir de ponto de mediação, de integração e de reflexão, saindo do impasse e transitando nos vários territórios, comunicar não apenas os enunciados científicos e técnicos, mas produzir a comunicação de discursos éticos, estéticos e sobretudo políticos que mirem transformações e inclusões sociais – esses, os objetivos do educomunicador.

Educomunicação
Do Disciplinário às Mediações Complexas

A racionalidade iluminista e progressista da modernidade, ao instituir o evolucionismo historicista como seu marco referencial, estabelece o paradigma da neutralidade e da autonomia como aparelho maquínico da Comunicação e da Educação, reservando-lhes atribuições específicas e campos disciplinares independentes.

À Comunicação deveria caber a função de difundir informações sobre o meio social e político, divulgar o entretenimento e o lazer e manter o sistema produtivo via propaganda e publicidade.

À Educação impunha-se administrar a transmissão do saber conforme os conteúdos prioritários ao desenvolvimento econômico e social no modelo industrial. A essa administração, Paulo Freire (1987) denominou de educação bancária.

A dicotomia binária serviu à era industrial fornecendo-lhe mão-de-obra especializada e como aparelho ideológico na engrenagem do sistema político e social.

Hoje, estudos comparados em todo o mundo dão conta de que ainda há um verdadeiro descompasso entre o mundo da educação e o mundo da comunicação. O papel do educador diante dos novos paradigmas da comunicação: sente-se atônito, pois seus paradigmas são inspirados na modernidade – sistemas bipolares, dicotomias, evolucionismo, causalidade, estruturas, rigidez, disciplinas, linearidade – enfim, a imagem de um mundo clássico e que evolui segundo padrões preestabelecidos. Tais paradigmas já não garantem a legitimidade globalizadora e a irreversibilidade do sistema-meios, pelo qual a educação deveria adotar um modelo descontínuo e de incertezas.

Como que correndo contra o tempo, torna-se cada vez mais comum para os educadores o acesso, e conseqüente utilização, aos recursos comunicacionais, priorizando cada vez mais a utilização de vídeos, programas de TV, de rádio, leitura orientada de jornais, análise e utilização da poética musical como forma de expressão, o teatro, a análise da literatura sob mais de um suporte técnico, o desenho, o grafite, o cinema, a fotografia.

As tecnologias de informação invadem a sala de aula, com especial destaque para os computadores e a Internet, expandindo as *infovias*, criando e recriando uma nova relação dimensional tempo-espaço fundada no conceito de *velocidade e luz*, como observamos anteriormente.

Assiste-se assim, de forma crescente, a um significativo número de profissionais que aplicam nos seus trabalhos os recursos da telemática, de multimeios, na produção de *software*, na computação gráfica e na cibernética pedagógica.

Neste contexto podem-se mencionar os projetos de educação à distância, cujo suporte fundamental é a interação mediatizada, como também os programas de arte-educação, apoiados nas tecnologias da informação, ganhando destaque os trabalhos desenvolvidos nos espaços culturais das bibliotecas, museus, além de ambientes naturais paisagísticos, cuja interface já acontece via *telerrealidade*.

A comunicação – enquanto forma de expressão – é mediada por recursos e fontes de naturezas diversas, sejam eles disponibilizados pelas modernas tecnologias ou por modos tradicionais de transmissão de conhecimentos, a educação formal e não-formal.

As tecnologias avançadas trouxeram no seu bojo a expressão de um novo tempo – a era da Informação, modificação de hábitos e comportamentos principais e organizacionais. Isso exige de planejadores e organizadores de quaisquer organizações, inclusive e principalmente das instituições de ensino superior, uma postura mais reflexiva sobre uma adequação frente à nova realidade e à educação voltada ao mundo globalizado.

A tarefa de pensar e analisar a questão da comunicação na instância mediática educacional implica em estudar e evidenciar os fundamentos de sistemas que trabalham a representação simbólica como meios de comunicação e de educação escolar, que mobilizam expressões includentes e excludentes.

A radicalidade dessa constatação nos remete para a urgência de uma análise teórica-contemporânea, na proximidade ética. Tal análise deve apoiar-se em novos paradigmas e mecanismos de intelecção das realidades múltiplas e que produzem singularidades no âmbito interdiscursivo e inter-relacional da Comunicação/Educação. Não deixam de existir os campos anteriormente constituídos e disciplinários da Comunicação e Educação, mas surge um novo campo de intervenção social, mediador das complexidades emergentes, ao qual se denomina Educomunicação.

Reflexões Educomunicativas em Andamento

No Brasil, Soares vem sistematizando a questão da inter-relação Comunicação e Educação como um campo epistemológico emergente. Para ele, a Educomunicação se caracteriza pela busca permanente de respostas pragmáticas e conceituais para as questões complexas estratificadas nas condições de vida da sociedade contemporânea, especialmente frente ao paradoxo da velocidade dos avanços das tecnologias da informação e da exigência de especialização dos papéis dos agentes sociais.

O novo campo encontra-se em processo de autonomização, tendo como elementos básicos o caráter interdiscursivo e interdisciplinar de sua constituição teórica e a esfera multicultural de sua intervenção social.

Nesse sentido, há necessidade de se entenderem as múltiplas facetas que se expressam nos conceitos que inter-relacionam Comunicação e Educação no seio da cultura contemporânea.

Refletir sobre o novo campo é pressuposto da sua construção permanente. Assim, Soares (1999) levanta três hipóteses-perspectivas sobre a inter-relação comunicação/educação:

a. Perspectiva da autonomia irreconciliável entre os dois campos (Trata-se de uma corrente funcionalista que entende que os dois campos estão vocacionados para cumprir papéis sociais diferentes e, muitas vezes, até mesmo, contraditórios entre si). Tal concepção é responsável, por exemplo, pelo isolamento entre os cursos e os programas das Faculdades de Educação e de Comunicação Social.

b. Perspectiva da aliança estratégica entre os dois campos através de suas interfaces (a relação entre os dois campos sustenta-se na perspectiva da mútua prestação de serviços). Algumas linhas de trabalho conjunto aproximam os profissionais dos dois campos, especialmente no que diz respeito ao uso das novas tecnologias no ensino presencial ou à distância ou à produção educativa por parte dos meios massivos.

c. Perspectiva da emergência de um novo campo (um novo campo, interdiscursivo e interdisciplinar, com referenciais teóricos e metodológicos próprios que já teriam surgido, expressando-se na atuação de um novo profissional, cujo perfil está sendo construído na prática da ação comunicativa em espaços educativos).

Já legitimando o tema, Carlos Eduardo Valderrama (2000:XVII), na introdução ao livro *Comunicación y Educación, Coordinadas, abordajes y travesías*, discorre sobre os âmbitos sustentados por Huergo e Soares como intrínsecos à aproximação entre os dois campos ou mesmo à formação de um terceiro com o qual mantêm estreita sintonia e afinidade. Ele afirma:

> Jorge Huergo (Universidad Nacional de la Plata, Argentina (...) considera el espacio de intersección entre la comunicación y la educación como una confluencia de diversas perspectivas teóricas y de prácticas sociales y profesionales con intereses distintos, que como campo puede ser atravesado a partir de tres tipos de relaciones: instituciones educativas y horizontes culturales, educación y medios de comunicación y educación y nuevas tecnologías. (...) Ismar de Oliveira Soares (Universidad de São Paulo, Brasil) sostiene la hipótesis de que efectivamente es un nuevo campo de conocimiento, que está se formando, tiene autonomía y se encuentra en proceso de consolidación (...) o un campo de naturaleza relacional, estructurado como proceso mediático, transdisciplinario, e interdiscursivo y se materializa en cuatro áreas de intervención social: educación para la comunicación, mediación o tecnológica en la educación, gestión de la comunicación en la educación y el área de la reflexión epistemológica Apoya también su hipótesis con la afirmación de que ya existe una comunidad académica con sus perfiles claramente definidos (Valderrama, 2000).

Registrou-se, no início deste trabalho, o estreito vínculo entre as práticas da comunicação educativa e os estratos de produção, reprodução e transformação culturais. A questão central é manter a discussão e reflexão sobre a presença e a atuação dos indivíduos enquanto produtores mediadores e receptores de bens culturais. A pergunta essencial é sobre a identidade dos protagonistas dos processos educomunicacionais.

O enfrentamento com a noção de "identidade cultural" se impõe, nesse sentido, como indispensável na construção de qualquer processo que pretenda aproximar a Comunicação da Educação.

Estamos, pois, conforme já sinalizamos em capítulo anterior, diante dos riscos de essencializações ou de substancializações que acompanham o emprego do termo "identidade" quando se torna objeto central de estudo das ciências sociais e, sobretudo, da antropologia. Entendemos, desta forma, que já não se pode mais falar em "identidade", mas, sim, em "heterogeneidade"[18].

Nesta perspectiva, Comunicação e Educação são espaços públicos problematizadores das questões do contemporâneo, são âmbitos para estimular a reflexão e a realização de ações que discutam os andamentos complexos referentes aos modos de formar, circular e se apreender as redes semióticas e os agenciamentos coletivos disponibilizados socialmente pelos processos comunicacionais no veio das novas tecnologias e das infovias.

[18] O conceito de heterogeneidade é, na verdade, o preferido por CANCLINI, quando afirma: *Com freqüência se empregam categorias metafísicas para falar de identidade. Por isso, centrar os estudos nessa noção cria dificuldades para temporalizar, ver o distinto dentro do mesmo. É um trabalho de higiene intelectual por entre signos de interrogação à identidade e trabalhar sobre a heterogeneidade. É claro que a heterogeneidade está composta de identidades que interatuam, se chocam, mudam, de maneira que não prescrevemos a noção de identidade, nem as perguntas pela identidade, mas que a tomamos de um modo relativista.*

Educomunicação Reflexões a propósito de um Novo Campo de Intervenção Social e suas Possibilidades Epistemológicas[19]

A existência de um novo campo de intervenção social, com profissionais atuantes e auto-reconhecidos, em pleno processo de expansão e consolidação, foi o grande achado teórico epistemológico do grupo que realizou a pesquisa do NCE/ECA/USP, que foi coordenada pelo professor Dr. Ismar de Oliveira Soares em 1998 e reafirmada com a atualização feita no ano 2000.

Esse novo campo tem autonomia e está sendo denominado de *Educomunicação,* campo que vem se constituindo mediante práticas e *conceitos transdisciplinares, em que transitam cadeias semióticas*

[19] A pesquisa empreendida pelo NCE/ECA/USP estabeleceu como hipótese central a existência de um novo campo de intervenção social, com práticas específicas e peculiares. Para comprovar as hipóteses levantadas a respeito da presumível emergência do campo da inter-relação Comunicação/Educação, a equipe do NCE realizou uma aproximação ao tema através do uso de instrumentos clássicos de pesquisa como aplicação de questionário exploratório junto a uma amostragem significativa (400 questionários respondidos por 178 especialistas de 12 países do continente); a promoção de entrevistas junto a 25 especialistas latino-americanos de reconhecido renome, além da promoção de *workshops*, seminários e de congressos, para coleta de dados posteriormente incorporados ao trabalho (ver "Esclarecimento" no pé-de-página 20).

Através dos questionários, foi possível levantar o interesse dos pesquisados sobre o tema em questão, seu perfil profissional, suas expectativas com relação ao avanço teórico do campo. Através das entrevistas, colheu-se um rico conjunto de histórias de vida relacionadas com o tema, com os especialistas emitindo opiniões sobre as ações e pesquisas na área, referendando bibliografias e descrevendo seus projetos e trabalhos. Nos *workshops* foram especialmente aprofundados dois temas: a relação Comunicação/ Educação e o conceito de gestão da comunicação nos espaços educativos. Finalmente, os seminários e congressos serviram como testes para a convivência entre as várias subáreas que hipoteticamente compõem o campo da inter-relação em estudo.

Através do conjunto dos dados levantados, foi possível vislumbrar não apenas um crescente interesse pelo tema em questão, como, sobretudo, a existência de um processo de sistematização teórica que aponta a *interdiscursividade* e a *interdisciplinaridade* como elementos essenciais da epistemologia do campo, evidenciados no desenho do perfil do novo profissional a ele dedicado. Em 2000, coordenada pela profª. Angela Schaun, houve uma atualização da pesquisa e 205 especialistas ofereceram respostas, confirmando a franca expansão da educomunicação.

perpassando a Inter-relação Comunicação/Educação, inaugurando um *novo paradigma discursivo transverso.*

A educomunicação se traduz na *interdiscursividade*, na mediação dialógica, mas, sobretudo, no agenciamento enunciativo coletivo em que as multiplicidades garantem a coexistência rizomática de redes semióticas, como nos referimos anteriormente. A intervenção social educomunicativa permite a construção de singularidades que se remetem umas às outras e que se comunicam com uma pluralidade de agentes culturais, coexistindo em multivocalidades e polifonias.

A *alteridade* é a dimensão constitutiva deste palco de vozes que polemizam entre si, dialogam ou complementam-se. A busca pela pluralidade e singularidade é pressuposto constitutivo da pragmática educomunicativa na defesa dos processos inclusivos e de reconhecimento estético e ético-político.

A pesquisa igualmente aponta para a existência de algumas áreas de intervenção social, típicas das práticas educomunicativas. Tais áreas foram caracterizadas por Soares (2000) como:

a. A *área da educação para a comunicação,* constituída pelas reflexões em torno da relação entre os pólos vivos do processo de comunicação (relação entre os produtores, o processo produtivo e a recepção das mensagens), assim como, no campo pedagógico, pelos programas de formação de receptores autônomos e críticos frente aos meios· Existem distintas vertentes na área da educação para a comunicação, o que compreende desde posturas defensivas, de cunho moralista, até projetos que se caracterizam por implementar procedimentos voltados para a apropriação dos meios e das linguagens da comunicação por parte das crianças e jovens. No mundo ibero-americano, a explicitação da teoria das mediações, especialmente por Martín-Barbero (op. cit.), permitiu uma mais lúcida visão do processo de recepção, promovendo importante mudança na pedagogia da educação para os meios.

b. A *área da mediação tecnológica na educação*, compreendendo o uso das tecnologias da informação nos processos educativos. Trata-se de uma área que vem ganhando grande exposição devido à rápida evolução das descobertas tecnológicas e de sua aplicação ao ensino, tanto o presencial quanto o à distância. Sabemos que os recursos tecnológicos clássicos, como o rádio e a televisão, tiveram dificuldade de ser absorvidos pelo campo da educação, especialmente por seu caráter lúdico e mercantil. Tal fato foi o principal responsável pela resistência dos educadores em dialogar com as tecnologias. O computador veio abalar essa dicotomia, pois possui em si mesmo os meios de produção de que o pequeno produtor cultural – o aluno e o professor – necessita para seu trabalho diário. Devemos lembrar que a maior parte dos *sites* hoje existentes é produzida e dirigida por centros de pesquisas científicas.

c. A *área da gestão da comunicação no espaço educativo*, voltada para o planejamento, execução e realização dos processos e procedimentos que se articulam no âmbito da Comunicação/Cultura/Educação, criando *ecossistemas comunicativos*. O conceito de ecossistema comunicacional designa a organização do ambiente, a disponibilização dos recursos, o *modus faciendi* dos indivíduos e grupos envolvidos e o conjunto das ações que caracterizam determinado tipo de ação comunicacional. No caso, a família, a comunidade educativa ou uma emissora de rádio criam, respectivamente, ecossistemas comunicacionais. Os indivíduos e as instituições podem pertencer e atuar, simultaneamente, em distintos ecossistemas comunicacionais, uns exercendo influências sobre os outros. A gestão da comunicação nos espaços educativos produz-se tanto nos ambientes voltados para programas escolares formais quanto naqueles dedicados ao desenvolvimento de ações não-formais de educação, como nas emissoras de rádio e de televisão educativas, nas editoras e centros produtores de material didático, nas instituições que administram programas de educação a distância, nos centros culturais e comunitários, entre outros. O que caracteriza a gestão é a costura que alcança produzir, através da ação prática, entre as várias vertentes que aproximam a Comunicação e a Educação. É o componente pragmático do processo explicado teoricamente pela reflexão epistemológica.

d. A *área da reflexão epistemológica sobre a inter-relação Comunicação/Educação como fenômeno cultural emergente*. É, na verdade, a reflexão acadêmica, metodologicamente conduzida, que vem garantindo unicidade às práticas da *Educomunicação*, permitindo que o campo seja reconhecido, evolua e se legitime. A própria pesquisa que estamos realizando situa-se nesta área, assim como boa parte das reflexões produzidas pelos pensadores de quem nos servimos para a constituição do corpo teórico do trabalho.

Cada uma dessas áreas tem sido tradicionalmente assumida como espaços vinculados ao domínio, quer da Educação, quer da Comunicação. O que advogamos é que cada uma delas e seu conjunto sejam pensados e promovidos a partir da perspectiva da Educomunicação. Entendemos, por outro lado, que as quatro áreas não são excludentes, nem são as únicas. Representam, apenas, um esforço de síntese, uma vez que parecem aglutinar as várias ações possíveis no espaço da inter-relação em estudo.

A área de intervenção social a qual estamos denominando de Educomunicação possui uma gama de indivíduos produzindo e intercambiando ações, usando de reflexões epistemológicas, das intervenções entre mídias e recepção, da gestão da comunicação em espaços educativos e do pleno uso das novas tecnologias[20].

[20] ESCLARECIMENTO: O trabalho sobre o Campo da inter-relação Comunicação e Educação e sobre o perfil do Educomunicador foi possível graças à dedicação dos pesquisadores do NCE – Núcleo de Comunicação e Educação do Departamento de Comunicações e Artes da Escola de Comunicações e Artes da USP, sob a coordenação de Patricia Horta Alves, Fernando Peixoto Vieira, Eliany Salvatierra e de Angela Schaun e Grazia Burmann, coordenadora e consultora respectivamente do Convênio entre o NCE/ECA/USP e a UNIFACS/NCEC/Bahia. Elaboraram textos complementares, os pesquisado-

Os educomunicadores seriam agentes de articulação das complexidades, dos devires, das singularidades, das hecceidades e, como profeciam Deleuze e Guattari (op. cit. V.I, p.8), articuladores dos espaços-tempos livres.

Educomunicadores, Profissionais do Século XXI

O conceito de "Educomunicação" voltou a ser afirmado nas conclusões a que chegaram os participantes do *I Fórum Nacional sobre Mídia e Educação – Perspectivas para a qualidade da Informação* – promovido em São Paulo, em novembro de 1999, pelo Ministério da Educação, o Conselho Nacional de Secretários de Educação, a Unesco, o Instituto Ayrton Senna e a Agência Nacional de Direitos da Infância – ANDI, com a participação de jornalistas e editores especialmente convidados e representando os mais importantes veícu-

---

res: Maria Cristina Costa, Yara Maria Martins Nicolau Milan, Nádia Lauriti, Margarita Victoria Gomez, Edson Gabriel Garcia, Manoela Lopes Lourenço, Vânia Valente. Em 1998, foram analisados questionários respondidos por 178 especialistas, e em 2000, por 205, de 12 países da América Latina. Foram entrevistados 25 pesquisadores em "Comunicação e Educação": do México, Guillermo Orozco, Martha Collignon e Frank Viveros; da Venezuela, José Martinez de Toda y Terrero; da Colômbia, Carlos Cortez e Sara Farnky; do Equador, Roland Calle; do Chile, José Luis Olivari; do Uruguai, Mario Kaplun e Cristina Balestra; da Argentina, Daniel Prieto e Daniel Sotero; da Bolívia, Ronaldo Greve; do Brasil, os docentes e pesquisadores da Universidade de São Paulo: Heloisa Dupas Penteado, Maria Teresa Fraga Roco, Angelo Piovesan, José Manoel Morán Costas, Maria Felisminda de Rezende e Fusari, Elza Dias Pacheco e Marília Franco, assim como os especialistas baianos: Miguel Angel Bordas, Cesare Fiori de la Rocca, Paolo Marconi, Nelson de Luca Pretto, Nelson Issa, e Marcos Palácios. Foram realizados, no espaço da ECA/USP, dois *workshops*: o primeiro com Jesús Martín-Barbero, espanhol residente na Colômbia, e o segundo com Dov Shinar, brasileiro residente em Israel. Nos *workshops* optou-se pela técnica da abordagem temática. Foram realizados dois eventos internacionais: o *II World Meeting on Media Education* (São Paulo, 18 a 20 de maio de 1998) e o *International Congress on Communication and Education* (São Paulo, 20 a 24 de maio de 1998), reunindo especialistas de 30 países dos cinco continentes.

los de Comunicação do país. O evento assumiu o significado estratégico do campo emergente a partir das seguintes recomendações[21]:

- Reconhecer a inter-relação Comunicação e Educação como um novo campo de intervenção social e de atuação profissional, considerando que a informação é um fator fundamental para a educação.
- Difundir o binômio Comunicação e Educação como potencial transformador da sociedade, em direção à plena cidadania.
- Flexibilizar os currículos de Comunicação, inserindo conhecimentos e práticas da área educacional para que o profissional de Comunicação tenha possibilidade de ampliar sua atuação como "educomunicador" (o novo profissional, que atua ao mesmo tempo no campo da Educação e da Comunicação, motivado pela formação de cidadãos críticos, participativos e inseridos em seu meio social).
- Incentivar a formação permanente dos profissionais de Comunicação e Educação através de ação das Universidades. No caso, sugere-se que as Faculdades de Comunicação e as de Educação criem, juntas, um currículo básico, a ser ministrado a cada final de ano para os formandos das duas áreas, com informações básicas sobre a inter-relação Mídia e Educação.

A importância do evento pode ser demonstrada pelo composto político institucional que representam as instituições realizadoras. Por outro lado, houve uma ampla difusão das conclusões do evento junto a todas as faculdades e empresas de Comunicação do Brasil, mediante a distribuição de um vídeo, uma revista e um livro com as recomendações do Fórum.

[21] Ministério da Educação. *Mídia e Educação*, Documento final do *I Fórum Nacional sobre Mídia e Educação – Perspectivas para a qualidade da Informação*, Brasília, 2000, pg. 25-33.

O acolhimento de tais questões aponta para uma visível transformação do âmbito curricular, exigindo uma nova postura por parte das Universidades no planejamento dos cursos de Comunicação e de Educação, com vistas a preparar o profissional do futuro voltado para um mercado em permanente mudança.

A formação de um profissional com habilidades para atuar no contexto da inter-relação Comunicação/Educação deve contemplar o aporte de uma consciência ética e uma pragmática voltada para as transformações da sociedade e apresentar a flexibilidade e as articulações necessárias para a construção desse novo campo de intervenção social.

As suas motivações se firmam em dois grandes postulados: a formação de cidadãos críticos, participativos e inseridos no meio social (onde toda e qualquer discriminação e exclusão devem ser banidas), e a concretização de utopias sociais, mais claramente postas no campo da ecologia, de uma educação de qualidade e de uma comunicação participativa e democrática. Estes, na verdade, foram os traços encontrados no perfil dos educomunicadores objetos da pesquisa do NCE/ECA/USP.

A atividade do agente cultural ou do profissional de comunicação no espaço educativo, aqui chamados de educomunicadores, vem se constituindo, de acordo com a mesma pesquisa, num serviço multidisciplinar e multimediático, voltado para a comunidade e inspirado em conteúdos culturais específicos nos diversos territórios. Ao mesmo tempo, são prioridades os novos projetos e propostas de trabalho baseados na superação de dificuldades, nas articulações e com lastro no talento e diferencial cultural das comunidades.

Assim, entre as principais funções desenvolvidas por esses profissionais, podem ser destacadas:

a. elaborar diagnósticos no campo da inter-relação comunicação/educação, planejando, executando e avaliando processos comunicacionais;

b. construir uma visão de conjunto dos processos da educomunicação, conhecimentos técnicos específicos que se aplicam tanto a macrossistemas – globalização, mundialização – quanto a espaços reduzidos de atividades humanas – cultural local;

c. refletir sobre o novo campo, sistematizando informações que permitam um maior esclarecimento sobre as demandas da sociedade/comunidade no que concerne à inter-relação comunicação/educação;

d. coordenar ações e gestões de processos, traduzindo-os em políticas públicas;

e. implementar programas de "educação para os meios", considerando os estudos de recepção e as práticas desenvolvidas nos vários países que mantêm experiências avaliadas a respeito do tema;

f. assessorar os educadores no uso adequado dos recursos da comunicação, promovendo o emprego, cada vez mais intenso, das novas tecnologias e das diversas linguagens artísticas, como métodos e instrumentos didáticos envolvidos no processo educativo (Soares, 1999:64).

Como espaço educativo, podemos também compreender a mídia como formadora de opinião e principal emissora dos contratos de leitura, da relação interdiscursiva mediação-recepção do mundo contemporâneo.

Alguns desafios imediatos se colocam com o objetivo de produzir maior visibilidade e consolidação da intervenção social e política dos educomunicadores. A curto e médio prazos, destacamos alguns considerados prioritários: manter a saúde da informação e seu livre fluxo no interior das organizações e destas com a sociedade; modernizar e tornar ativo o setor de multimeios, planejar estrategicamente a formação e atualização de profissionais do novo campo, articulando o papel reservado às Faculdades de Comunicação e de Educação na preparação do profissional para o exercício das funções do

Educomunicador; enfrentar as contradições inerentes a um campo ainda em formação; superar resistências que projetos no campo da inter-relação comunicação/educação encontram junto a órgãos financiadores de projetos de intervenção social e de pesquisa acadêmica; atuar em todas as atividades humanas em que se faz necessária a utilização dos processos e recursos da comunicação adequada ao momento histórico (Schaun, 2000:21).

O enunciado da educomunicação é temático e indireto. Não trata de questões disciplinares, mas das multiplicidades infinitas de construção de *lugares de cidadania.*

O campo de intervenção social da educomunicação é um lugar em trânsito, de movimento contínuo, assim como um fluxo permanente por onde passam as singularidades da cidadania e das subjetivações, via articulações comunicativas.

Para a sociedade em geral, a ação educativa funciona como um mecanismo mediante o qual se reproduzem, em cada geração, os ordenamentos disciplinários e se transmite o capital cognitivo para o cumprimento das regras e funções sociais, assim como para o estabelecimento do discurso crítico. Nesta perspectiva, educação traduz o conceito de socialização. Porém, há uma clara dimensão pessoal de desenvolvimento de potencialidades, de equilíbrio e resistência ao rompimento, de capacidade de recomposição e, se levarmos em consideração as representações da linguagem ordinária, também contém um certo padrão de excelência, qualidade e distinção, de valor e qualidade de comportamento.

Em contraponto, Deleuze e Guattari (ibid.) afirmam: *A máquina do ensino obrigatório não comunica informações, mas impõe à criança coordenadas semióticas com todas as bases duais da gramática.*

Como apontamos na Introdução deste livro, o paradigma da educação no seu estatuto de mobilização, divulgação e sistematização de conhecimento implica acolher o espaço interdiscursivo e mediático da comunicação como produção e veiculação de culturas fundando um novo *locus* – o da inter-relação comunicação/educação, aqui denominado de Educomunicação.

Educar passa a ser articulação de saberes e não-saberes, de incertezas e complexidades e introspecção do caos.

Comunicar para a Educação e educar para a Comunicação são processos inter-relacionados, cujos princípios hoje desestabilizam as certezas e verdades definitivas e se expandem na construção permanente de devires.

Das Articulações Comunicativas

Os princípios em filosofia são gritos, em torno dos quais os conceitos desenvolvem verdadeiros cantos.

Deleuze e Guattari, 1995.

Para entendermos o conceito aqui proposto para as articulações comunicativas, é necessário considerar o contexto da desestruturação, da incerteza e da desregulamentação como princípios básicos reconfiguradores, como busca de novas formas de produção do conhecimento, questionando os princípios de rigidez e determinismo característicos do projeto metafísico e iluminista.

Como articulações comunicativas estamos nomeando as conexões de redes comunicacionais a produzirem agenciamentos enunciativos codificados em contextos específicos e singulares, territorializados, ou seja, localizados mas se movimentando em cadeias e redes semióticas, produzindo códigos novos, em meio a organizações de poder e de ocorrências – remetendo a toda uma gama de multiplicidades da micropolítica social, valendo dizer: às lutas sociais, às artes, às ciências.

A articulação é constitutiva de um estrato (Deleuze e Guattari, 1997). Estratos são fenômenos de espessamento, moleculares e molares, no Corpo da terra. São acumulações, coagulações, sedimentações, dobramentos, cintas, pinças e articulações. O estrato, ou articulação, possui substâncias formadas, meios codificados, não distintos. São agenciamentos de conteúdo e expressão.

◆ Conexões de redes comunicacionais

O sentido de rede, que estamos nomeando, representa um complexo de movimentos informacionais, sem um centro definidor, capturados nos sistemas comunicacionais/tecnológicos e outros, mas que adquirem um sentido próprio, ou seja, a rede semiótica, da qual os indivíduos se apropriam de forma peculiar e múltipla, produzindo ressignificados infinitos. Nesse sentido, leia-se Deleuze e Guatarri, *Mil Platôs*, vol. I, págs. 15 - 37.

◆ Agenciamentos enunciativos

Consistem em *fluxos informacionais* apropriados por comunidades, grupos e indivíduos e que podem traduzir fenômenos comunicacionais, como lugares de enunciados, lugares de agenciamentos e articulações.

◆ Cadeias e redes semióticas

Podemos definir cadeias e redes semióticas como tentáculos e ramificações que aglomeram "atos muitos diversos, lingüísticos, mas também perceptivos, mímicos, gestuais, cognitivos..." produzindo conexões e heterogeneidade (Deleuze e Guattari, 1995). Esses embricamentos surgem e ocasionam os movimentos de singularidade, na micropolítica social.

◆ Códigos novos: micropolítica social

Os novos códigos introduzidos na micropolítica social significam o surgimento de novos atores: indivíduos, grupos e multidões que atuam no contrafluxo das redes comunicacionais, no sentido de captar e utilizar a questão informacional, para também produzir acontecimentos, isto é, não só comunicação, como também algo mais: produzir fatos comunicacionais autônomos, em proporções infinitesimais.

◆ Fenômenos Comunicacionais

Fenômeno comunicacional é uma resultante da justaposição de fatores extremos, quais sejam: o processo de dessacralização, a legitimação dos mídias, como elemento definidor do cotidiano social.

O conceito propõe incluir, plasmar, registrar, sem permitir o aprisionamento, deixando sempre a fruição como possibilidade de leitura. A nomeação visa observar, fotografar, configurar as ações comunicativas e educativas, como agenciamentos de micropolítica social.

Para abrigar os fenômenos comunicacionais nessa perspectiva em trânsito, sem deixar o sentido de início nem de fim, mas de algo incluso, fomos buscar inspiração na teoria das multiplicidades proposta por Deleuze e Guattari (1995) pela *força conjuntiva*, de se constituir uma *direção perpendicular, um movimento transversal, uma possibilidade de ser o lugar onde as coisas adquirem velocidade.*

As articulações comunicativas dizem dos movimentos produzidos no estrato das micropolíticas sociais, comunicativo-culturais, inspirados nas linguagens de ancestralidades, das mídias e das ações biopolíticas, a serem resolvidas no âmbito de experiências educomunicativas como uma das formas de reprodução de organização de poder singular de determinadas comunidades, deixando sua marca, assim, como uma expressão em movimento, em vários âmbitos, atravessando as possibilidades, as margens, as redes, *produzindo cadeias semióticas de toda a natureza, deixando rastros.*

As articulações comunicativas abrangem os agenciamentos coletivos a acontecer no meio das interfaces disciplinares da comunicação e da educação, rompendo a rigidez caracterizadora do pensar epistemológico destas áreas do conhecimento humano.

Trata-se de movimento duplo de desterritorialialização e reterritorialização, indo buscar nas práticas comunicacionais a criação de novos enunciados, produzindo articulações comunicativas singulares, multiplicidades a-significantes.

As reflexões aqui trazidas, como tentamos mostrar, buscam, na verdade, propor a nomeação de fenômenos comunicacionais que surgem como questão para os estudos epistemológicos, sobretudo a partir do processo histórico da dessacralização e, posteriormente, da legitimação dos mídias, sua importância na sociedade, mas, sobretudo, pelo papel de construção de um novo *éthos* social, como bem reitera Muniz Sodré[22], quando a mídia passa a pautar o cotidiano social, sugerindo modos de ser e de fazer, portanto, modos de existir.

Em princípio, consideramos a possibilidade de utilização do termo "*tipologias comunicativas*" vindo da matriz culturalista weberiana, do tipo ideal, como parâmetro para nomear tais fenômenos comunicacionais.

Percebe-se, no entanto, que passam pela atualização necessária para adquirir o sentido mais antropológico cultural que confere Raymond Williams (1992) quando se refere à cultura como modo de vida global, distinto, dentro do qual ocorrem as múltiplas formas e expressões culturais, portanto, as diversas culturas.

Mas, tais princípios epistemológicos, por si só, não davam conta da proposta de incluir, de plasmar, de registrar, sem permitir o aprisionamento, deixando sempre a fruição como possibilidade de leitura. A categorização aqui visa mais do que tipificar, observar, fotografar, configurar as ações comunicativas e educativas, como maneiras de expressão política no contexto contemporâneo, já anteriormente tratado.

---

[22] O entendimento é que a era dos mídias já configurou a sua existência a partir da mídia. Este pensamento encontra-se em várias de suas obras, como *O social irradiado*, Petrópolis: Vozes, 1992 e *Reinventando a Cultura – a comunicação e seus produtos*, Petrópolis: Vozes,1996.

Educomunicação e Articulações Comunicativas

Dando continuidade à conceituação da Educomunicação desenvolvida por Soares, que utilizamos como ponto de partida para esse trabalho, sugerimos que o conceito de Educomunicação possa abranger os agenciamentos coletivos que acontecem no meio das interfaces disciplinares da comunicação e da educação.

As articulações comunicativas são *agenciamentos coletivos de enunciação* (o que se diz) e, ao mesmo tempo, agenciamentos maquínicos de desejos (o que se faz). *Agenciamentos são sempre um território, um lugar ocupado subjetivamente* de conteúdo e expressão; territorialidade e desterritorialização.

Neste sentido, podemos designar de Articulações Educomunicativas, aquelas práticas situadas nos âmbitos comunicacionais da Educomunicação, de onde emergem tais cadeias semióticas criando predominâncias para a Interdiscursividade, a pluralidade de falas e vozes, ou seja, Polifonia e Multivocalidade; o Dialogismo e a Enunciação; nos devires Éticos, Estéticos e Políticos; no uso das novas tecnologias de Comunicação e da Mídia.

Ações comunicativas e educativas como maneiras de expressão política

Como assinala Baccega (X Compós, 2001), em comentário crítico à questão educomunicativa, "o campo comunicação/educação constitui-se, na contemporaneidade, no "lugar" de construção da cidadania".

O real sentido da questão educomunicativa, com relação à formação e construção de cidadania, ainda está por se realizar, mas, como ressalva, ainda, Baccega,

> (...) as mudanças nas permanências do campo ocorrem a partir de

discussões e pesquisas inicialmente marginais, a partir da acumulação científica feita à margem do estabelecido, que ganham corpo e são sistematizadas e divulgadas quando ocorrem mudanças nas condições sociais de produção.

As ações comunicativas envolvem as questões do contemporâneo, são âmbitos para estimular a reflexão e a realização, próprias para discutir os andamentos complexos referentes ao modo de formar, circular e se apreenderem as redes semióticas e os agenciamentos coletivos disponibilizados socialmente pelos processos comunicacionais no veio das novas tecnologias e das infovias. As ações educomunicativas podem ser espaços públicos, tanto quanto os demais já consagrados pela sociedade, para o exercício da cidadania.

Podemos designar como Articulações Educomunicativas aquelas práticas situadas nos âmbitos comunicacionais da Educomunicação, de onde emergem tais cadeias semióticas criando predominâncias para a Interdiscursividade, a pluralidade de falas e vozes, ou seja, Polifonia e Multivocalidade; o Dialogismo e a Enunciação; nos devires Éticos, Estéticos e Políticos; no uso das Novas Tecnologias de Comunicação e da Mídia; da Gestão Comunicativa em Espaços Educativos.

Articulação Comunicativa Sancionada

Segundo o filósofo Emmanuel Carneiro Leão (1972), o homem é marcado por uma divisão entre a sua natureza e o seu devenir: ele faz, sendo influenciado pelas relações estabelecidas com a sua estirpe, sua ancestralidade. Para ele, o termo *sacer* dá conta dessa experiência pela qual o homem não depende da resolução dele, ele é um dote, e a esse presente se incluem várias dimensões: ele, donde ele brota, valores, costumes, singularidades e comportamentos.

As dimensões são marcadas por subtrair possibilidades positivas e negativas para a ação humana e as quais o homem já traz em si mesmo. *Sacer*, segundo Carneiro Leão, é a mancha, a marcação de individualidade e de mistério.

A necessidade de regular a ação, regular as forças em desenvolvimento para aquilo proporcionado pela natureza, faz o homem necessitar de uma mediação. Daí, o verbo *sancire* vai abrigar a ação reguladora entre o homem (ser- transcendência) e o homem (fazer-imanência).

A sanção envolve as duas dimensões, estabelecendo limites. Trata-se da mancha de concordância e discordância.

A articulação comunicativa sancionada é um tipo de comunicação inspirada no sagrado, na ação a repetir o nascimento das forças da natureza da comunidade. A comunicação se legitima pela ancestralidade, pela consulta ao divino, ao poder regulador entre os dois mundos, estabelecendo limites entre esses dois universos ontológicos do homem.

Uma comunicação mais característica de indivíduos, grupos e comunidades cujos princípios ancestrais tomam como ponto de partida o respeito ao sagrado, como paidéia, nas relações tensivas, estabelecidas na luta entre as forças do Caos e de Eros, no padecimento. São consultas e mediações entre o mundo visível e o invisível (até então), na busca de adquirir respostas para as questões e ansiedades dos indivíduos, dos grupos, das comunidades.

Portanto, a articulação comunicativa sancionada se resolve mediante a interseção do sagrado, quando e onde for necessária a evocação do mistério, para ser cumprido o ciclo comunicativo.

A busca atemporal do sagrado é a experiência que se repete sempre e remete ao paradoxo entre a natureza do indivíduo homem e as conexões e relações que ele estabelece com a sua estirpe, com o meio em que vive, o que produz de satisfação e de bens materiais.

A grande complexidade é a busca de sua singularidade enquanto indivíduo e o seu porvir, o embate permanente entre o que faz e o que é, a sua luta enquanto problematização pela sua marca de individualidade.

Essa questão, de embate, de afirmação identitária, se resolve e se afirma na articulação sancionada, no sentido de que, para ganhar consistência, ela se nutre das narrativas da ancestralidade.

A articulação comunicativa pode ser sancionada, quando recebe o influxo justificador do Sagrado, aqui entendido como "energia vitalizadora do próprio homem, a esse inerente, caracterizando-se pela experiência humana que não se deixa apreender ou padronizar".

É um momento em que se estabelecem as singularidades, as territorialidades, os princípios reguladores do fazer existir, emergindo das possibilidades que brotam do que se é. Momento em que a mancha de individualidade é mediada pela ancestralidade, para que se cumpra o mistério da experiência vivificada, da troca com o outro, da alteridade, da tradução da comunicação com o sagrado.

Momento em que se plasma o território de dentro para fora, sendo que o dentro é estabelecido pelo ciclo existência, portanto, de fora.

Articulação Comunicativa Mediatizada

A mídia como sistema legitimador de um novo *éthos* social, conforme Muniz Sodré, passa a permear todos os processos enunciativos de organização de poder no contemporâneo. A articulação comunicativa mediatizada abriga todo o processo gerado a partir da influência exercida diretamente pela indústria cultural e pela mídia e reinterpretada pelo grupo social e/ou pela comunidade, vindo a produzir novos *agenciamentos coletivos de enunciados* (Deleuze e Guattari (op. cit.), como expressão política e cultural, criando uma multiplicidade de novos códigos e expressões, resolvendo-se, uma vez mais, mediante ações comunicativas e educacionais.

São produções sociais, culturais, artísticas e políticas de indivíduos, grupos e comunidades produzindo movimentos de desterritorialização, inspirados na mídia e no mercado transnacional, mas retornando recriados e ressignificados e, de novo, produzidos para reiterar a visibilidade, a ação afirmativa e política de novos atores sociais.

No retorno, a articulação comunicativa mediatizada cria movimentos de reterritorialização e se intensifica produzindo novos enunciados. São redes semióticas estéticas e éticas expandindo, difundindo, transformando padrões e comportamentos, e depois, dispersando.

As articulações comunicativas mediatizadas transitam nos fluxos da circulação de produtos da indústria da cultura, do entretenimento, do lazer e do consumo, mas trazem as marcas das singularidades germinadas nos trânsitos das hibridizações culturais.

A mídia, de um modo geral, e a mídia eletrônica, em especial, disseminam cadeias semióticas em macro e microrredes, por todo o lugar, transformando o local no global, mas, sobretudo, o global no local. As cadeias semióticas, dispersas em toda parte, configuram conexões rizomáticas que encontram no espaço virtual as suas atualizações mais políticas e estéticas.

Tais atualizações possibilitam um novo poder advindo das militâncias e práticas emergentes e buscam a inclusão e a cidadania, o reconhecimento afirmativo das singularidades. As articulações comunicativas mediatizadas são fluxos contínuos de cadeias semióticas de consumo de bens simbólicos, mas também podem apontar para circunstâncias locais – imediatas e supralocais. São articulações germinadas nas apropriações dos discursos das mídias e voltadas para dar visibilidade, lugar de fala às questões da ecologia, etnias, minorias e movimentos da multidão.

Articulação Comunicativa Negociada

As articulações comunicativas negociadas promovem agenciamentos vinculados a práticas singulares, envolvendo discussões e disputas entre as partes com objetivo de chegar a um ponto qualquer de interesse e visando a transformação ou mudança do ponto inicial, ou seja, produzindo algo novo negociado entre as diversas partes envolvidas na tensão dos jogos e lances.

O novo é atribuído no sentido de empreender maneiras ainda não descritas ou experimentadas naqueles contextos socioculturais. São relações e comportamentos programados, previamente pensados no sentido de promover alguma mudança no *status quo*.

Aproxima-se do termo *comunicação gerativa*, como uma variante do sentido de *comunidade gerativa,* indicando também alguma espécie de negociação no âmbito das comunidades. Raquel Paiva (1998) utilizou o termo inspirando-se em Gianni Vattimo (apud Paiva, 1998), quando este se refere à *política gerativa* para nomear o conjunto de ações norteadas pelo propósito de interesses comuns, passíveis de serem executadas por um grupo e/ou conjunto de cidadãos.

O sentido gerativo se propõe a contemplar a ação mais claramente voltada à concretização de programas de melhoria da qualidade de vida e consumo de grupos sociais estigmatizados e/ou excluídos, personagens permeando as franjas das sociedades pós-industriais. São articulações produzidas como alternativa à ação hegemônica da globalização planetarizada, neoliberal do Estado mínimo, do individualismo e da derrota do projeto iluminista humanitário e universal.

Paiva e Vattimo inspiram-se no princípio gerador, como se houvesse uma *força em si,* responsável por um centro de resistência. Inspiramo-nos nesses autores, mas, dando continuidade ao movimento reflexivo, arriscamos propor o termo germinativo, pois se apresenta mais conjuntivo aos princípios aqui levantados.

Germinação leva a rizoma, a descentramento, a dispersão, complexidade e caos. Não são plantações, produzindo árvores, raízes, centros geradores.Trata-se, ao contrário, de descontrolar as sociedades disciplinárias (Foucault) e de controle (Deleuze e Guattari). Trata-se de fazer emergir verde de milhões de sementes espalhadas pelo planeta. São as multidões germinando, enverdecendo... a paisagem onipresente do deserto globalizado.

O sentido de *comunidades germinativas* (no plural, indicando multiplicidades) ganha força e deslancha como enunciação coletiva no pressuposto de cidadania enquanto forma política e discursiva de integrar o indivíduo, ou o grupo, ao contexto urbano, político, mas sobretudo midiático, onde vai ganhar visibilidade e consistência. São os fluxos das lutas planetárias em favor da ecologia, banindo toda e qualquer forma de racismo, exclusão e intolerância.

As Interfaces das Articulações Comunicativas

As articulações comunicativas não se esgotam nos enunciados colocados, nem os enunciados se exaurem naquelas articulações, pois outras articulações estão sendo construídas nos fluxos comunicacionais.

Poderá existir uma predominância de determinada articulação em práticas sociais singulares. As articulações comunicativas podem ser encontradas ao mesmo tempo e em intensidades diversas em todas as comunidades e grupos sociais dispersos pelo mundo.

O importante é considerar as multiplicidades germinativas da comunicação, suas possibilidades enquanto processo criador de enunciados coletivos e políticos, numa nova dimensão, a dimensão das multiplicidades.

As articulações comunicativas se propõem a servir como demonstração da possibilidade de práticas sociais específicas, nas quais a questão da comunicação não se resolve nem se esgota apenas na forma fácil do consumo e do espetáculo, no imediatismo do entretenimento e do lazer.

Inspiram-se nas multiplicidades de mediações e referenciais, de entradas e de saídas e para serem resolvidas no meio, na forma educativa, traçando redes, conexões, construindo aprendizados, rizomas, nos quais já não há um centro gerador, mas vários pontos de onde partem transversalmente e vão se encontrando aqui e ali, sempre no meio de algo em movimento.

As articulações comunicativas são movimentos, fluxos e conexões impregnados de vozes minoritárias. São espaços de sanção, mediatização e negociação política das multidões minoritárias.

Para Muniz Sodré (Intercom, 2001), as minorias caracterizam-se por: *vulnerabilidade jurídico-social* – o minoritário não é institucionalizado pelas regras do ordenamento jurídico-social vigente. É "vulnerável", diante da legitimidade institucional e das políticas públicas. Luta por uma voz, pelo reconhecimento societário de seu discurso. *Identidade in statu nascendi* – a minoria apresenta-se sempre *in statu nascendi*, em formação. Alimenta-se dos fluxos comunicacionais, vive um eterno recomeço, porém constitui-se em minoria ativa no interior do território. *Luta contra-hegemônica* – a minoria luta para reduzir o poder hegemônico, mas não visa a tomada do poder pelas armas. Nas tecnodemocracias ocidentais, a mídia é um dos principais "territórios" dessa luta. *Estratégias discursivas* – enunciados e ações demonstrativas (passeatas, invasões episódicas, gestos simbólicos, manifestos, revistas, jornais, programas de televisão, campanhas pela Internet) são os principais recursos de luta atualmente.

Todas as articulações comunicativas podem ser encontradas ao mesmo tempo e em intensidades diversas em todas as comunidades e grupo sociais, e naquelas aqui estudadas. O que interessa neste trabalho é considerar as multiplicidades gerativas da comunicação, suas possibilidades enquanto processo criador de enunciados coletivos e políticos, numa nova dimensão: a dimensão das multiplicidades.

As interfaces das articulações comunicativas são planos de consistência que se opõem ao plano de organização, de formação da substância ou do sujeito e ao plano de desenvolvimento da forma. Os planos de consistência ignoram forma e substância. Constituem as hecceidades, a inscrição de modos de individuação cuja lentidão ou velocidade cria, retém e conserva aquilo que aumenta o número de conexões, de redes semióticas. As articulações comunicativas, ao produzirem educomunicação, atualizam fazeres e dizeres conectando-se com os fluxos semióticos, os fluxos materiais e os fluxos sociais.

Finalmente, podemos considerar que as articulações comunicativas tratam de conexões atuais, pois vão se construindo e pertencem a qualquer tempo, transbordam a rigidez do já concebido, do que se espera, transgridem as comportas das permissões até então vigentes, reconfiguram o mapa da moral estética, vão produzindo encontros, mediando as bordas, corroendo as resistências, imanenciando clones, incontroláveis, aqui e ali, espelhando o outro, aquele interdito até então.

As articulações comunicativas plasmam o embate pelos novos planos de consistência, pois são o não-dito, aquilo escondido, que se espalha, que se expande, que se difunde, que brota em toda a parte, imprevisíveis, rizomáticas, plurais, múltiplas, comunicativas, educomunicativas.

Bibliografia

ADORNO et al. Teoria da Cultura de Massa. Introdução, comentários e seleção de Luiz Costa Lima. 3ª ed. Rio de Janeiro: Paz e Terra, 1990.

ADORNO, Theodor. A indústria cultural. In: Sociologia. Trad.: Gabriel Cohn. São Paulo: Ática, 1986.

AGAMBEN, Giorgio. A comunidade que vem. Trad.: Antônio Guerreiro. Lisboa: Ed. Presença. 1993.

ARJUN, Appadurai. Opacité et Incertitude. In: Représentation et Complexité. Org. Candido Mendes. Agenda du Millenium. UNESCO. ISSC. EDUCAM 1997.

AUGÉ, Marc. Não-lugares: Introdução a uma antropologia da supermodernidade. Campinas-SP: Papirus, 1994.

BACCEGA, Maria Aparecida. Tecnologia, escola, professor. In: Comunicação & Educação. São Paulo, vol. 3, n.7, set./dez. 1996, p. 7-12.

BADIOU, Alain. Ética – Um ensaio sobre a consciência do Mal. Trad.: Antônio Trânsito e Ari Roitman. Rio de Janeiro: Relume Dumará, 1995.

BAKHTIN, Mikhail (Volochinov). A Cultura Popular na Idade Média e no Renascimento: o contexto de François Rabelais; Trad.: Yara Frateschi Vieira. São Paulo: HUCITEC; Brasília: Editora da Universidade de Brasília, 1993.

BARCELLONA, Pietro. Postmodernidad y Comunidad – el regreso de la vinculación social. Barcellona: Ed. Trotta, 1990.

BARTHES, Roland. Crítica e verdade. São Paulo: Perspectiva, 1970.

——————— Mitologias. Trad.: Rita Buongermino e Pedro de Souza. 9ª ed. Rio de Janeiro: Bertrand Brasil, 1993.

BAUDOUIN, Thierry. Os Territórios da Mundialização. In: Lugar Comum, n. 2-3, jul./nov./1997. Rio de Janeiro: Nova Fronteira, 1997.

BAUDRILLARD, Jean. A sombra das maiorias silenciosas – o fim do social e o surgimento das massas. Trad.: Suely Bastos. São Paulo: Brasiliense. 1982.

———— A transparência do Mal – Ensaio sobre fenômenos extremos. Trad.: Estela dos Santos Abreu. São Paulo: Papirus, 1992.

———— Da Sedução. Trad.: Tânia Pellegrini. São Paulo: Papirus, 1992.

———— Écran total. Paris: Éditions Galillé, 1997.

———— Para uma Crítica da Economia Política do Signo. Rio de Janeiro: Elfos Ed.; Lisboa: Edições 70, 1995.

BAUMAN, Zygmunt. Globalização: as conseqüências humanas. Tradução Marcus Penchel. Rio de Janeiro: Jorge Zahar Ed., 1999.

BENJAMIM, Walter. Magia e técnica, arte e política. Trad.: Sergio Paulo Rouanet. São Paulo: Editora Brasiliense, 1985, vol.I.

BENJAMIN, HABERMAS, HORKHEIMER, ADORNO. Escola de Frankfurt. In: Os Pensadores. São Paulo: Civita 1983.

BOFF, Leonardo. Saber cuidar: ética do humano – compaixão pela terra. Petrópolis-RJ: Vozes, 1999.

BRAÏT, Beth (Org.). Bakhtin: dialogismo e construção do sentido. Campinas-SP: Ed. UNICAMP, 1997.

CANCLINI, Néstor Garcia. As culturas populares no capitalismo. Trad.: Claudio Novaes Pinto Coelho. São Paulo: Brasiliense, 1983.

———— Consumidores e cidadãos – conflitos multiculturais da globalização. Rio de Janeiro: Editora da Universidade do Rio de Janeiro, 1995.

———— Culturas híbridas: estratégias para entrar e sair da modernidade. Trad.: Heloisa Pezza Cintrão, Ana Reguna Lessa. São Paulo: EDUSP, 1997.

———— La epica de la globalizacion y el melodrama de la interculturalidad. Conferencia dictada en el Simposio Internacional "New Perspectives in/on Latin American: The Challenge of Cultural Studies", el 19 de marzo de 1998, en la Universidad de Pittsburgh.

———— Noticias recientes sobre la hibridación in Artelatina: Cultura, globalização e Identidades. Org.: Heloisa Buarque de Hollanda e Beatriz Resende. Rio de Janeiro: Aeroplano, 2000, p.60-82.

CARRASCO, Joaquín García e DUJO, Ángel Garcia. Teoría de la educación. Educación e acción pedagógica. Salamanca: Ediciones Universidad de Salamanca, 1996.

CASTELLS, Manuel. O Poder da Identidade. A era da informação: economia, sociedade e cultura, vol.2. Trad.: Klauss Brandini Gerhardt. São Paulo: Paz e Terra, 1999.

———— Sociedade em Rede. In: A era da informação: economia, sociedade e cultura, vol.1. Trad.: Roneide VOL. Majer. São Paulo: Paz e Terra, 1999.

CHATÊLET, Gilles. Reler Marcuse para não viver como porcos. Folha de S. Paulo. Caderno MAIS. São Paulo: 09/08/1998.

COCCO, Giuseppe e outros (org.). Empresários e Empregos nos Novos Territórios Produtivos – o caso da terceira Itália. Rio de Janeiro: Ed. DP&A, 1999.

———— As Dimensões Produtivas da Comunicação no Pós-Fordismo. In: Revista Comunicação & Política, vol. III, n.1, jan./abr. Rio de Janeiro, 1996.

COMUNICAÇÃO & EDUCAÇÃO. Armand Matterlart. Radio na Era digital. Escol: ciência e tecnologia Número 16. Revista do Curso de Gestão de Processos Comunicacionais da Universidade de São Paulo-USP. São Paulo. Editora Moderna, 1997.

———— Comunicação e Educação 12. Revista do Curso de Gestão de Processos Comunicacionais da Universidade de São Paulo-USP. São Paulo. Editora Moderna, 1998.

———— Comunicação e Educação, Índice acumulado (1994/1997), Resumo dos artigos. Ano I, n.1. Número 2. Revista do Curso de Gestão de Processos Comunicacionais da Universidade de São Paulo-USP. São Paulo. Editora Moderna, 1994.

———— Comunicação Plural. Em cena: José Wilker. Multimeios e Cidadania. Número 9. Revista do Curso de Gestão de Processos Comunicacionais da Universidade de São Paulo-USP. São Paulo, Editora Moderna, 1997.

_____ Comunicação Plural. Jornal eletrônico. Televisão educativa e Comunicação e LDB. Número 2. Revista do Curso de Gestão de Processos Comunicacionais da Universidade de São Paulo-USP. São Paulo. Editora Moderna, 1997.

COMUNICAÇÃO E SOCIEDADE nº 27. Jornalismo e memória. São Paulo: Grande ABC Editora Gráfica S/A., 1997.

CONSTELACIONES DE LA COMUNICACIÓN. Ano I, Número 1. Buenos Ayres. Fundación Walter Benjamin. Setembro de 2000.

CORSANI, A., LAZZARATO, M. e NEGRI, A. (avec la collaboration de Y. Moulier-Boutang). Le Bassin de Travail Immatériel (BTI) dans la Métropole Parisienne. Paris: L´Harmattan, 1996.

CUNHA, Marcus Vinícius da. John Dewey: uma filosofia para educadores em sala de aula. Petrópolis-RJ: Vozes, 1994.

D'AMARAL, Marcio Tavares. Pensar a Ética do Mundo: uma ética da guerra. Rio de Janeiro: ECO/V.4., n. 3. 2000. Publicação da Pós-Graduação em Comunicação e Cultura da ECO-UFRJ.

_____ Entrevista individual. IDÉIA/ECO/UFRJ, Rio de Janeiro, 16/06/1999.

DANTAS, Marcos. A Lógica do Capital Informação – fragmentação dos monopólios e monopolização dos fragmentos num mundo de comunicações globais. In: Revista Comunicação & Política, vol. III, n.1, jan./abr. 1996, Rio de Janeiro: CEBELA.

DE MASI, Domenico (org.). A emoção e a regra: os grupos criativos na Europa de 1850 a 1950. Trad.: Elia Ferreira Edel. Rio de Janeiro: José Olympio, 1999.

DELEUZE, Gilles e GUATARRI, Félix. Mil Platôs: capitalismo e esquizofrenia. vol.1 Trad. Aurélio Guerra Neto e Célia Pinto Costa. Rio de Janeiro: Ed. 34, 1995.

_____ Mil Platôs: capitalismo e esquizofrenia, vol. 5 Trad.; Peter Pál Pelbart e Janice Caiafa. Rio de Janeiro: Ed. 34, 1995.

_____ Mil Platôs: capitalismo e esquizofrenia, vol.2 Trad.: Ana Lúcia de Oliveira e Lúcia Cláudia Leão. Rio de Janeiro: Ed. 34, 1995.

———— Mil Platôs: capitalismo e esquizofrenia, vol.3 Trad.: Aurélio Guerra Neto, Ana Lúcia de Oliveira, Lúcia Cláudia Leão e Suely Rolnik. Rio de Janeiro: Ed. 34, 1995.

———— O que é a filosofia? Trad. Bento Prado Jr. e Alberto Alonso Muñoz. Rio de Janeiro: Ed. 34, 1992.

DELEUZE, Gilles. Conversações, 1971-1990. Trad.: Peter Pál Pelbart. Rio de Janeiro: Ed.34, 1992.

ECO, Umberto. Apocalípticos e integrados. Trad.: Pérola de Carvalho. São Paulo: Perspectiva, 1979.

———— Interpretação e Superinterpretação. São Paulo: Martins Fontes, 1993.

FEATHERSTONE, Mike. Cultura Global – Nacionalismo, globalização e moralidade. Trad.: Atílio Brunetta. In: PAIVA, Raquel. O espírito comum: comunidade, mídia e globalização. Petrópolis: Vozes. 1998, p. 437.

FOUCAULT, Michel. A microfísica do Poder. Org.: Roberto Machado. Rio de Janeiro. Graal. 9ª ed. 1979.

———— As palavras e as coisas: uma arqueologia das ciências humanas. Trad.: Salma Tannus Muchail. São Paulo: Martins Fontes, 1992.

———— Arquelogia do Saber. Rio de Janeiro. Forense Universitária. 1987.

FRASER, Nancy. Social Justice in the Age of Identity Politics. In: Ethics of the Future. Coord. Candido Mendes – UNESCO-ISSV-EDUCAM. Rio de Janeiro: 1998, p. 210-237.

FREIRE, Paulo. Pedagogia do Oprimido. Rio de Janeiro: Paz e Terra,1987.

———— Pedagogia da esperança: um reencontro com a pedagogia do oprimido. Rio de Janeiro: Paz e Terra, 1992.

FREUD, Sigmund. O Futuro de Uma Ilusão. In: Obras Completas de Jayme Salomão (org.), Volume XXI. Rio de Janeiro: Imago, 1996, p. 115 – 63.

———— O Mal-Estar na Civilização. In: Obras Completas de Jayme Salomão (org.) Volume XXI. Rio de Janeiro: Imago, 1996, p. 67 - 159.

FUTURA – O CANAL DO CONHECIMENTO. Rio de Janeiro: Editora Globo, Ano I, nº 4, mai./jun. 1998.

GALVÃO, Alexandre Patêz. Da Convergência Tecnológica à Convergência Empresarial: o audiovisual como espaço de acumulação da Era da Digitalização. 1998. Dissertação (Mestrado em Economia) – Instituto de Economia, UFRJ, Rio de Janeiro, mimeo.

GMEINER, Conceição Neves. A morada do ser: uma abordagem filosófica da linguagem na leitura de Martin Heidegger. Santos-SP: Leopoldianum, 1998.

GUATTARI, Felix. Micropolítica: Cartografias do desejo. Petrópolis: Vozes, 1986.

HABERMAS, Jürgen. Théorie de l'Agir Communicacionnale. Paris: Fayard, 1997, p. 448-480..HARVEY, David. A condição Pós-Moderna. São Paulo: Loyola, 1993.

HARVEY, David. Condição pós-moderna. São Paulo, Loyola, 1994.

HEIDEGGER, Martin. Sobre a Essência do Fundamento; A determinação do ser do ente segundo Leibniz, Hegel e os Gregos. Tradução e notas: Ernildo Stein. São Paulo: Livraria Duas Cidades, 1971.

HERÁCLITO, de Éfeso. Seleção textos José Cavalcanti de Souza. In: Os Pensadores. São Paulo: Abril Cultural, 1978, p. 73 a 123.

HOLLANDA, Heloisa Buarque de (ed.). Pós-Modernismo e Política. Rio de Janeiro: Rocco, 1992. (Ensaios de Huyssen e F. Jameson)

HOLLANDA, Heloísa Buarque de e Resende, Beatriz (Orgs.). Artelatina: cultura, globalização e identidades. Rio de Janeiro: Aeroplano, 2000.

HUERGO, Jorge. Comunicación/Educación, ámbitos, prácticas y perspectivas, Buenos Aires: Universidad Nacional de la Plata, 1996.

HUNTINGTON, Samuel. O choque das civilizações e a recomposição da renda mundial. São Paulo: Objetiva, 1996.

HUYSSEN, Andreas. Reconsidering the High/Low Debate. In: Global·Context-Aesthetics and Politics in na Age of Globalization. Paper apresentado ao Seduced by Memory Seminar. Rio de Janeiro. Universidade Candido Mendes 28/08/2000.

———— Seduzidos pela memória: arquitetura, monumentos e mídia. Rio de Janeiro: Aeroplano, 2000.

INTERNATIONAL CONGRESS ON COMMUNICATION AND EDUCATION MULTIMEDIA AND EDUCATION. 1998. São Paulo. In: A Global World. – CD – Anais. São Paulo: NCE-ECA-USP/maio 1998.

JAMESON, Frederic. Signatures of the visible. Nova Iorque: Routledge, 1992.

KUMAR, Krishan. Da sociedade Pós-Industrial à Pós-Moderna – novas teorias sobre o mundo contemporâneo. Rio de Janeiro: Zahar Ed., 1997.

LEÃO, Emmanuel Carneiro. A Diferença entre o Sagrado e o Religioso. Programa de Pós-Graduação em Comunicação, ECO-UFRJ, Rio de Janeiro, 2° semestre/1999.

———— Aprendendo a Pensar. Volumes I e II. Petrópolis: Vozes, 1991/1992.

———— Introdução. In: Os Pensadores Originários. Trad. Emmanuel Carneiro Leão e Sergio Wrublewski. Coleção Pensamento Humano, 3ªed. Petrópolis: Ed. Vozes, 1999.

LÉVY, Pierre. As tecnologias da Inteligência – O futuro do Pensamento na Era da Informática. Trad.: Carlos Irineu da Costa. Rio de Janeiro: Ed. 34, 1993.

____________ O Que é o Virtual, São Paulo, Editora 34, 1996.

LOPES, Maria Immacolata Vassalo de. Temas Contemporâneos em comunicação, "A comunicação no espaço educativo: possibilidades e limites de um novo campo profissional" In: INTERCOM. São Paulo: EDICOM/INTERCOM, 1997, p. 209-220.

LUGAR COMUM – ESTUDOS DE MÍDIA, CULTURA E DEMOCRACIA, Revista do NEPCOM (Núcleo de Estudos e Projetos em Comunicação) / Pós-Graduação da Escola de Comunicação da UFRJ. Rio de Janeiro: Gráfica da UFRJ, nº 1, 2 e 3, 1997; nº 4, 5 e 6, 1998; nº 7 e 8, 1999.

LYOTARD, Jean-François. Lições sobre a analítica do sublime. Campinas-SP: Papirus, 1993.

———— O Pós-Moderno. Rio de Janeiro: José Olympio, 1986.

MARCONDES Filho, Ciro et al. Vivências Eletrônicas: sonhadores e excluídos. São Paulo: Edições NTC, 1998.

MARTÍN-BARBERO, Jesús. Dos meios às Mediações – comunicação, cultura e hegemonia. Rio de Janeiro: Editora UFRJ, 1997.

_________ Os deslocamentos do tempo e as novas topografias da memória. In: ARTELATINA; Museu de Arte Moderna, Rio de Janeiro, novembro de 2000.

_________ Heredando el futuro. Pensar la Educación desde la Comunicaión. In. Nômadas n.5. ISSN 0121 –7550. Bogotá, Septiembre 1996, p.10-30.

MATTERLART, Armand. A globalização da comunicação. Trad. Laureano Pelegrin. Bauru-SP: EDUSC, 2000.

_________ Comunicação Mundo – História das idéias e das estratégias. Petrópolis: RJ: Vozes, 1994.

McLUHAN, Marshall. e FIORE, Quentin. O meio são as massa-gens. Trad.: Ivan Pedro de Martins. Rio de Janeiro: Record, 1969.

_________ – Os meios de comunicação como extensões do homem. Trad.: Décio Pignatari. São Paulo: Cultrix, 1964.

MENDES, Candido. Représentation et Complexité. Rio de Janeiro: Agenda do Milênio. UNESCO-ISSC/Educam.1997.

_________ (org.). Ethisc of the Future – Rio de Janeiro: Agenda do Milênio. UNESCO-ISSC/Educam, 1998.

_________. Media and Social Perception. Rio de Janeiro: Agenda do Milênio. UNESCO-ISSC/Educam.1999.

MENDES, Candido (Coord.) e SOARES, Luiz E. (Ed.). Cultural Pluralism, Identity, and Globalization. Rio de Janeiro: UNESCO. ISSC EDUCAM. 1996.

MINISTÉRIO DA EDUCAÇÃO. Mídia e Educação, Documento final do I Fórum Nacional sobre Mídia e Educação – Perspectivas para a qualidade da Informação. Brasília, 2000, p. 25-33.

MORIN, Edgar. A cabeça bem-feita: repensar e reforma, reformar o pensamento. Trad. Eloá Jacobina. Rio de Janeiro. Bertrand Brasil. 2000.

_________ Le Besoin: d'une Pensée Complexe. In: Représentation et Complexité. Org.: Candido Mendes. Agenda du Millenium. UNESCO. ISSC. EDUCAM, 1997.

NEGROPONTE, Nicholas. A vida digital. São Paulo, Companhia das Letras, 1995.

NIETZSCHE, Friederich Wilhelm. Obras Completas. Seleção de textos: Gérard Lebrun. In: Os Pensadores. São Paulo: Ed. Abril, 1983.

———— Humano, demasiado humano: um livro para espíritos livres. Tradução, notas e posfácio: Paulo César de Souza. São Paulo: Companhia das Letras, 2000.

NÔMADAS Nº 5, Revista de Comunicación – Educación: Una relación estratégica. Septiembre/96-Febrero/97. Departeminto de Investigaciones Fundación Universidad Central. DIUC. Bogotá, Colombia. ISSN 0121-7550.

OROZCO, Guillermo. História e imagem no tempo da TV artesanal. In: Comunicação & Educação. N. 10. Revista do Curso de Gestão de Processos Comunicacionais da Universidade de São Paulo-USP. São Paulo: Editora Moderna, 1997.

ORTIZ, Renato. Mundialização, Cultura e Política. In: IANNI, O. e outros (org.). Desafios da Globalização. Petrópolis: Ed. Vozes, 1997.

———— Cultura e Modernidade. São Paulo: Ed. Brasiliense, 1991.

OS PRÉ-SOCRÁTICOS. Fragmentos, Doxografia e Comentários. V a XXXVIII; p.1 a 4; Seleção textos José Cavalcanti de Souza. In: Os Pensadores. São Paulo: Abril Cultural, 1978.

PAIVA, Raquel. O Espírito Comum – Comunicação, Mídia e Globalismo. Petrópolis-RJ: Vozes, 1998.

PAZ, Octávio. O arco e a lira. Rio de Janeiro: Editora Nova Fronteira, 1986.

PRETTO, Nelson de Lucca. Comunicação e Educação. Gazeta Mercantil, Rio de Janeiro, p. 02, 11 de maio de 1998.

REICH, Robert. O trabalho das Nações – Preparando-nos para o capitalismo do século 21. Trad.: Claudiney Fullman, Saõ Paulo: Educator, 1994.

RODRIGUES, Adriano Duarte. Comunicação e Cultura – A experiência cultural na era da informação. Lisboa: Editorial Presença, 1993.

———— Estratégias da Comunicação – Questão Comunicacional e Formas de Sociabilidade, Lisboa: Editorial Presença, 1997.

RORTY, Richard. Global Utopias, History and Philosopy. In: Cultural Pluralism, Identity, and Globalization. Org.: Candido Mendes. L'Agenda du Millenium – Rio de Janeiro: UNESCO-ISSC-EDUCAM, 1996a, p. 459-471.

———— Justice as a Larger Loyalty. In: Cultural Pluralism, Identity, and Globalization. Org.: Candido Mendes. L'Agenda du Millenium – Rio de Janeiro: UNESCO-ISSC-EDUCAM, 1996b, p. 472-491.

SANTOS, Milton. O tempo despótico da língua universalizante. In: Caderno Mais/Folha de São Paulo. 5/11/2000.

———— Território e Sociedade. Entrevista. São Paulo: Editora Fundação Perseu Abramo, 2000.

SCHAUN, Angela. Comunicação e Educação. In: Educação para todos – O desafio do terceiro milênio – Livro do Congresso. Rio de Janeiro: Congresso Internacional de Educação Pública – Prefeitura do Rio de Janeiro – Secretaria Municipal de Educação, 13 e 14 set. 2000, p. 247-254.

———— Educomunicadores como agentes de transformação: uma perspectiva ética da inter-relação/comunicação. In: Mídia e Educação: perspectivas para a qualidade da informação. Brasília: Ministério da Educação, 2000, p. 19-21.

———— Construindo a Ecologia Humana: O Papel do Profissional de Comunicação Social no Milênio. In: ECOS – Revista Quadrimestral de Saneamento Ambiental nº19, Ano 8, Janeiro 2001. Porto Alegre – Departamento Municipal de Água e Esgoto – DMAE. ISSN 0104-5261.

SENNET, Richard. O Declínio do Homem Público – as Tiranias da Utilidade. São Paulo: Companhia das Letras, 1989.

SOARES, Ismar de Oliveira. A 'Era da Informação': tecnologias da comunicação criam novas relações culturais e desafiam antigos e novos educadores. In: Tecnologia Educacional, ABT. Rio de Janeiro: 22 (113-114): 11-19, jul./out. 1993.

———— A comunicação no espaço educativo: possibilidades e limites de um novo campo profissional. In: LOPES, Maria Immacolata Vassalo de. Temas Contemporâneos em Comunicação. São Paulo: EDICOM/INTERCOMA, 1997, p. 209-220.

__________ A gestão da comunicação no espaço educativo. São Paulo: NCE/ECA/USP, 1998.

__________ Comunicação & Neoliberalismo: vigência das políticas (alternativas) de comunicação. In: MARQUES DE MELO, José & BRITTERS, Juçara Gorskl. A Trajetória Comunicacional de Luiz Ramiro Beltrán. São Paulo: PUNESCO/UMESP, 1998, p. 63-76.

__________ Gestión de la comunicación en el espacio educativo (o los desafíos de la era de la información por el sistema educativo). In: GUTIERREZ, Alfonso. Formación del Profesorado en la Sociedad de la Información. España: Editora de la Universidad de Valadolid, 1998, p. 33.

__________ Sociedade da Informação ou da Comunicação? São Paulo: Cidade Nova, 1996.

__________. Comunicação/Educação: a emergência de um novo campo e o perfil de seus profissionais. In: Contato, Revista Brasileira de Comunicação, Arte e Educação. Ano 1. n. 2, jan./mar./1999, p. 64.

__________. XXIII Intercom, Anais Congresso apresentado no GT Comunicação e Educação. Manaus, 2000.

SODRÉ, Muniz, Reinventando a Cultura – A Comunicação e seus produtos. Petrópolis: Vozes, 1996.

__________ O Social irradiado. São Paulo, Cortez, 1992.

THOMPSON, John. A Mídia e a Modernidade – uma teoria social da mídia. Petrópolis: Ed. Vozes, 1998.

TONI, Negri. Nações, Racismos e nova universalidade. In: Lugar Comum Estudos de Mídia, Cultura e Democracia. Rio de Janeiro: NEPCOM. Programa de Pós-Graduação ECO/UFRJ. n. 4, janeiro/abril. 1998, p. 45-52.

TÖNNIES, Ferdinand. Comunidad y asociación – el comunismo e el socialismo como formas de vida social. Trad.: José Francisco Ivars. Barcelona: Ed. Península, 1979.

VALDERRAMA, Carlos Eduardo y CUBIDES, J. Humberto C. Comunicación-Educación: Algunas propuestas investigativas. In: Nômadas, n.5. ISSN 0121 –7550. Bogotá, Septiembre 1996, p. 92-101.

__________ Comunicación y Educación, Coordinadas, abordajes y travesías. Bogotá: Universidad Central/Siglo del Hombre Ediciones, 2000, p. xvii.

VATTIMO, Gianni. A Sociedade Transparente. Trad. Arthur Mourão. Lisboa: Ed. 70, 1989.

VELHO, Gilberto e KUSCHNIR, Karina (Orgs.). Mediação, cultura e política. Rio de Janeiro: Aeroplano, 2001.

VIRILIO, Paul. O espaço crítico. Trad. Paulo Roberto Pires. Rio de Janeiro. Ed.34 1993.

WILLIAMS, Raymond. Cultura. Trad.: Lólio Lourenço de Oliveira. Rio de Janeiro: Paz e Terra, 1992.

Este livro, da MAUAD Editora,
foi impresso em papel ofsete 75g,
na gráfica Markgraph